Una Jaula en la Selva

Una Jaula en la Selva

La industria del secuestro en Colombia

Jorge Martín Nomen

Primera edición, junio de 2016

Una Jaula en la Selva
La industria del secuestro en Colombia
© Jorge Martín Nomen, 2016
www.jorgemartinnomen.com

ISBN: 978-84-608-8956-4
Depósito Legal: M-22655-2016

Diseño de cubierta: Ana Núñez Guerrero

A mis padres, a los que les debo absolutamente todo lo bueno que hay en mí; a mis hermanas, que tantísimo me han querido y apoyado; y a quienes a lo largo de mi vida han sabido apreciarme—incluso sin comprenderme a veces.

A mi gran amigo y mentor Luis Alfonso Molano (1943-2012), con la alegría de haber cumplido con un sueño compartido y la tristeza de no poder disfrutar de estos momentos con él.

"La libertad, Sancho, es uno de los más preciosos dones que a los hombres dieron los cielos; con ella no pueden igualarse los tesoros que encierra la tierra ni el mar encubre; por la libertad, así como por la honra, se puede y debe aventurar la vida y, por el contrario, el cautiverio es el mayor mal que puede venir a los hombres".

Miguel de Cervantes Saavedra,
Don Quijote de La Mancha

NOTA DEL AUTOR

La historia que se relata en esta novela no forma parte de la ficción ni de la fantasía popular. Los hechos que se describen a lo largo del relato y el desenlace de los acontecimientos son el fiel reflejo de la realidad de lo que aconteció a las personas que aparecen identificadas como Gustavo Aoún e Iván García, que fueron secuestradas por las Fuerzas Armadas Revolucionarias de Colombia (FARC).

Por motivos que competen exclusivamente a las familias de los secuestrados, y a petición de las mismas, los nombres, las fechas y los emplazamientos han sido intencionadamente alterados para preservar la seguridad de los interesados en un país inmerso en una violencia endémica.

I

El rudimentario puente de madera improvisado sobre la quebrada se tambaleó y crujió estrepitosamente cuando el jeep lo atravesó velozmente. Las tablas se sacudieron el polvo y el ruido del motor se apagó en la distancia ante la indiferente mirada de dos mujeres que frotaban unas raídas camisas contra las mohosas piedras que, con el tiempo, el agua del manantial se había encargado de alisar.

En el interior del vehículo, Gustavo aleccionaba a sus pasajeros sobre la bondad de las tierras que acababan de dejar atrás. Manuel, con una sonrisa en los labios, escuchaba atentamente las explicaciones mientras María, su joven y tímida esposa, se limitaba a pasear distraídamente la vista por el exuberante paisaje. Para ella todo resultaba una novedad, ¡era tan distinto a su Rosario natal!

Gustavo Aoún, descendiente en tercera generación de una pareja de cristianos maronitas libaneses originarios del Valle de la Bekaa que había decidido asentarse en Cali a principios de siglo, era un hombre satisfecho de sí mismo. Su altura, el color de sus cabellos y de sus ojos revelaban la casta de sus genes. La determinación que destilaba de sus movimientos y la firmeza de sus gestos le hacían aparecer como la alimaña que acecha a su presa desde su guarida: segura y confiada.

María y Manuel, el matrimonio argentino que compartía el ancho asiento delantero con Gustavo, acababan de ver en menos de media hora la vasta hacienda que deberían comenzar a administrar en un par de días. El Rancho, que era el nombre original de la propiedad, había sido la primera inversión en zona rural que hiciera Gustavo, que sentía un apego muy especial por los alrededores de los pequeños pueblos del sur del Valle del Cauca.

El libanés, como le denominaban cariñosamente los amigos que acostumbraban a pasar largos fines de semana con él en alguna de la media docena de fincas que poseía, accionó la tracción trasera del Renegado[i] y echó un fugaz vistazo a su reloj. Las dos y treinta y cinco de la tarde. En un par de horas estaría de regreso en Cali, siempre y cuando la vía que lleva hacia el sur estuviera descongestionada este sábado en el último tramo de los noventa kilómetros que debía recorrer una vez abandonara Morales.

El trío cruzó el portón de entrada de El Rancho y viró por un polvoriento sendero que perdía de vista la rústica casa de la hacienda. Pero, cuando no había rodado más de medio centenar de metros, Gustavo tuvo que enterrar el pie en el freno del jeep. Tres, cuatro, siete hombres, que probablemente se habían agazapado tras las descomunales piedras que flanqueaban el camino, le obligaron a detenerse. Sus pupilas se dilataron al ver la vestimenta de los emboscados. ¡Guerrilleros!, exclamó atónito. Cuando intentó buscar la cara de Manuel a su derecha, sintió la presión de un grueso cañón en su nuca; justo sobre la sien del argentino reposaba la boca de otro Galil[ii].

---

[i] Jeep modelo Renegado.
[ii] Fusil de asalto israelí.

II

Ana se encontró a Ernesto en las escaleras que llevaban a la pista de tenis y se enfureció. Gustavo había tenido que marcharse solo a la finca después de almorzar porque pensaba que él había salido y hoy, ni Vicente ni Marcos lo habían podido acompañar; el primero se encontraba bastante mal de salud y el otro estaba en Miami en un viaje de negocios.

Su marido se había empeñado en ir y, aunque recogería en el camino de ida al matrimonio argentino que administraría El Rancho, tenía un mal presentimiento. Las carreteras eran inseguras y estaban en un estado tan lamentable, que no era extraño pinchar dos ruedas en un solo viaje. Además, con la precipitación que le caracterizaba, se había marchado en el único jeep al que no se le había hecho una revisión últimamente. ¿Y si le dejaba tirado?

—Ernesto ¿qué hacés acá? Gustavo te estuvo esperando para ir a la finca.

—Bueno, doña Ana, ¿y por qué no me llamó?

—¡Por favor, Ernesto! ¿cuál es el programa de todos los sábados por la tarde desde hace casi diez años? Si no quería ir podía haber subido y habérselo dicho...

El hombre se encogió de hombros y se perdió en dirección a la casita que habitaba en compañía de su mujer y su hijo pequeño, que se encontraba a un centenar de metros de distancia de la casa principal. Gustavo había tomado a su servicio a Ernesto cuando tenía catorce años para convertirlo en su mano derecha, su hombre de confianza. Habían pasado casi quince años y ahora vivía en la misma propiedad y se encargaba de la limpieza de la pista de tenis y de la piscina, además de trabajar como chofer en el almacén principal. Su esposa mantenía la limpieza de las áreas periféricas.

¡Menos mal que al menos alcancé a lanzarle la chaqueta de cuero al carro[iii]!, se consolaba Ana, que seguía pensando que Gustavo no debería haberse ido con el resfriado que cargaba encima, y menos aún solo. Le daba rabia que Ernesto se hubiera comportado de esa forma, porque le angustiaba la inseguridad que reinaba en las zonas rurales del Valle. Cali no era una maravilla, pero el monte estaba completamente tomado por la guerrilla.

Su marido siempre le repetía una y otra vez, tranquila, déjalo así, que es un buen muchacho y a mí me sirve bien. Pero lo cierto es que Ana llevaba mucho tiempo haciendo un esfuerzo supremo por tragar a Ernesto; desconfiaba bastante de él y su comportamiento esta tarde resultaba un tanto extraño: no era normal que abandonara a Gustavo precisamente el día en que tenía que marcharse solo. Tranquila, tranquila, se dijo, que él estará de vuelta sobre la siete y media, como siempre.

[iii] En Colombia, coloquialmente, coche o automóvil.

III

—¡Abajo hijueputa!

Gustavo bajó la vista y buscó la manilla de la puerta. Un chasquido metálico liberó la cerradura del jeep y él comenzó a empujarla suavemente con la mano izquierda. Miró a los ojos al desaliñado guerrillero que le apuntaba y se decidió. Pateó violentamente la portezuela y su agresor se fue de espaldas al suelo. De un brinco se plantó en el suelo y comenzó a correr por el tupido cafetal que se abría frente a sus ojos.

—¡No jodan, agárrenlo! —chilló histérico el primer guerrillero mientras se incorporaba y se sacudía a manotazos el polvo de la desgastada guerrera.

Jadeando por el esfuerzo, giró la cabeza sobre sus hombros y observó cómo la sorpresa le había proporcionado cerca de cuarenta metros de ventaja sobre sus perseguidores. Apretó la carrera y derrapó por un montículo que daba a un pequeño claro; saltó una pequeña acequia y, cuando levantó la frente se quedó petrificado: cuatro guerrilleros más le apuntaban amenazadoramente. A sus espaldas ya escuchaba los gemidos de la otra parte del grupo. ¡Carajo!, maldijo con rabia y se dejó caer de rodillas con las manos en alto.

Sabía que si no se hubiera detenido le habrían disparado, pero no por ello se dejaba de reprochar por qué no había seguido corriendo. Le faltaba la respiración y sudaba copiosamente. Esas botas de caucho, los desvaídos uniformes de camuflaje, el duro y frío cañón del fusil... Sintió un estremecimiento ¿Por qué? ¿por qué a mí?

Una patada en los riñones le quitó el poco aliento que había conseguido recuperar. Se sintió sumergido en un mar de sudorosos brazos que se alzaban y se dejaban caer para arrancarle la ropa y golpearle. Intentó resistirse pero le fue imposible y, cuando creía que le iban a despojar de los calzoncillos también, sintió una quemadura en las muñecas.

—¡Levantáte hijo de la grandísima puta!

La orden ponía fin al manoseo. Se miró indignado y se descubrió vestido de color caqui, maniatado a la espalda y cubierto por lo que parecía ser una cachucha[iv]. Levantó la vista hasta dar con la cara del guerrillero.

—¿Como que no oyes, pendejo?
—¡No puedo! —gimió, hincando una rodilla en el suelo.

Dos pares de brazos lo alzaron en volandas para, a continuación, propinarle un empujón en la espalda. ¡Pa' ayudarte a andar, huevón! Adelantó el pie derecho y luego el izquierdo y repitió la operación; aunque estaba caminando, a sus captores no les gustó la velocidad de su marcha, así que le asestaron un manotazo en la nuca y una patada en el culo.

---

iv Especie de gorra.

Por la cabeza del libanés fluían a tal velocidad las ideas, que no acertaba a decir nada. La confusión de que era presa hacía que sus ojos saltaran constantemente de los guerrilleros al suelo y del suelo al frente. ¿Por qué? ¡Carajo! ¿por qué a mí? ¿Qué mierda les he hecho? ¡Carajo!

Gustavo decidió entonces despejar su mente concentrándose en la marcha. Sabía que se dirigían hacia la zona occidental del Pacífico. En poco más de una hora habían atravesado la llanura que él había intentado alcanzar en su infructuosa huida, habían vadeado el río Cauca y, seguramente, treparían por las lomas sobre las que se levantaba el intenso verde esmeralda de la selva.

Los hombres que lo custodiaban no eran corpulentos; si se resistía a subir, difícilmente podrían someterlo. ¡Me van a matar! ¡Sé que esos hijueputas me fusilan! Un nuevo empujón lo sacó de su ensimismamiento.

—¡Movéte animal!

—¿Qué van a hacer conmigo? ¿Adónde me llevan?

—¡Caminá y callá, carajo!

—Si me van a matar, ¡hagamos un arreglo de una vez!

—No te preocupés Gustavito, que esta noche estás de regreso allá —le contestó burlonamente el mismo guerrillero al que empujara en el momento de la emboscada.

—¿Esta noche? —preguntó, extrañado, con un hilo de voz.

—Sí Gustavito, sólo te queremos para que te llevés un mensaje de carácter político de las FARC para Cali. No te preocupés, que nada te va a pasar; pero no jodás, porque podemos cambiar de opinión.

Tras dos horas de camino a través del espesor de la selva en evitación de los senderos, dieron con un terraplén desde el que se divisaba una quebrada. Gustavo se adelantó un par de pasos y se asomó al borde de la explanada cautelosamente. Una mano le empujó y, cuando trastabilló, sintió una patada en la cintura que lo propulsó al vacío.

Su cuerpo rodó como si de un tronco se tratara a lo largo de los casi ochenta metros del pronunciadísimo desnivel. Ya tenía frente a sí el manantial que intentara divisar escasos segundos antes. Movió el hombro derecho y sintió unas dolorosas punzadas en los plexos; tenía los brazos raspados y sentía en carne viva una de sus orejas.

—¡Por favor, amarráme las manos adelante!

Recibió unas estúpidas risas y media docena de insultos por respuesta. Estaba lleno de contusiones y la presión de sus manos inmovilizadas a la espalda le entorpecían la marcha. ¡No jodan, no hago más que caerme cada tres pasos!

Sobre las once llegaron por fin a lo que pretendía ser el campamento en el que pasarían la noche. Los cuatro miembros del grupo que se habían adelantado media hora antes a la columna estaban reunidos en torno a un fuego en el que preparaban la comida. Ataron a Gustavo a un grueso árbol que distaba un centenar de pasos de ellos y se despreocuparon de él.

Sus ojos, acostumbrados a la penumbra, localizaron el riachuelito que rompía el tétrico silencio que envolvía la noche. Gustavo se miró las enrojecidas muñecas y dibujó una irónica sonrisa en su cara. Esta noche no lo iban a liberar... Suspiró pensando en que quizás el Ejército ya se hallaría tras sus pasos, pero le desanimó el recuerdo de las palabras de

Manuel esa misma mañana cuando, asustado, le relató la toma de la hacienda en la que había trabajado antes.

Cuatro meses atrás, la pareja argentina había sido desalojada de la finca que administraban por una veintena de guerrilleros. Cuando acudieron a la guarnición del Ejército de Piendamó, que apenas distaba diez cuadras[v] de la hacienda, el sargento que les atendió comprobó la gravedad de la situación con sus prismáticos para después encogerse de hombros, alegando que no tenía órdenes de combatir.

En ese momento Gustavo no sabía que jamás volvería a ver a Manuel y a María, que, aterrorizados, regresaron a toda velocidad a su país. ¿Lo sabrá ya mi familia? ¿Qué les habrán dicho? Si ya lo saben ¿a quién habrán acudido? ¿Cuándo me soltarán? ¿Pedirán plata? ¡Mierda! ¡mierda!

Acurrucado contra el árbol, con las piernas encogidas y encadenadas y las manos atadas en su regazo, el libanés se adormecía entre el imperturbable silencio del monte, tan sólo roto esporádicamente por los zumbidos de los innumerables insectos y el gruñido de unos pocos animales que no acertaba a distinguir. La humedad crecía por momentos y la temperatura descendía vertiginosamente.

---

[v] Medida de longitud equivalente a una manzana.

IV

—¡Al teléfono doña Ana!

Ella se incorporó y le arrebató el auricular a la sirvienta. Eran ya las ocho y media y Gustavo no había dado señales de vida; éste debía ser él. ¡Seguro que el jeep lo ha dejado tirado en algún lugar! Se quitó un pequeño pendiente de la oreja izquierda y respondió.

—¿Ana? Soy Andrés Galán, tu vecino de El Rancho...
—¡Ah! ¿Cómo me le va?
—Ana, sentáte, por favor.

Sintió que el estómago le daba un vuelco e hizo caso a su interlocutor. Se le disparó la adrenalina y se aferró con fuerza el teléfono. ¿Qué pasa? ¿Le ha pasado algo a Gustavo? ¿Qué...?

—¡Se lo llevaron! ¡Se llevaron a Gustavo!
—¿Queeé...?
—Sí, Ana, se lo llevaron. Mi mayordomo se encontró al de Gustavo hace un par de horas y se vino a la carrera a avisarme.
—No, no puede ser...
—Lo único que te puedo decir es que no dispararon ni un solo tiro, porque no los oyeron; y eso es una buena señal. Pero sería conveniente que enviaras gente a la finca en cuanto puedas.
—Pero... pero y ¿qué hago? ¿y con quién hablo...?

—Mirá Anita, tranquilizáte. Ahora hay que esperar a que se comuniquen contigo, ya nada podemos hacer más que esperar. Sólo te puedo decir que, aparentemente, tu mayordomo vio el momento en que lo secuestraron... Si querés, te lo puedo mandar para que te cuente...

—No, Andrés, dejálo... dejálo. Si lo necesito, te llamo.

—Anita, sabés que podés contar conmigo para lo que necesités. Comunicáte en cuanto decidás algo ¿ok?

—Ok. Yo te llamo. Gracias Andrés.

—Sé fuerte, que esto es muy duro ¿ok?

—Ok.

El alma se le vino a los pies; le faltaba la respiración y tosía nerviosamente. La sirvienta, preocupada, corrió hacia ella. ¿Se encuentra bien, doña Ana? Sí, tráeme un vaso de agua. ¿Por dónde empezar? ¿Qué hacer? Tomó un sorbo de la limonada que le habían puesto entre las manos y se aclaró la voz. ¡Mis hermanos! Marcó atropelladamente los seis números de la casa de su madre. Ricardo le respondió.

—Ricardo, lo necesito. ¡Véngase ya! Tráigase a Pedro y no le diga nada a mi mamá ni a mi papá.

Colgó y busco en la libreta de teléfonos a Clara, la hermana soltera de Gustavo. Era la más apegada de la familia y debía saber lo que estaba ocurriendo. Una vez localizó su número, la despachó con dos secas frases tal y como lo hiciera cinco minutos antes con su hermano.

Se llevó las manos a la cara y empezó a llorar. A su lado descansaba el teléfono, pero no tenía con quien hablar en todo Cali... ¿Y cómo consiguió Andrés el número de su casa? Gustavo se lo daba a muy pocas personas. El mayordomo de la finca ¡ese patán! Desde hacía tiempo se tomaba demasiadas libertades y, además, si había visto cómo se llevaban a Gustavo ¿por qué no le avisó? Hacía menos de quince días habían estado todos en la finca y nadie habló de guerrilla.

Si hubiera habido guerrilleros por los alrededores Gustavo jamás se hubiera aventurado a marcharse solo. Ese tipo tuvo que saberlo antes: la gente extraña no pasa desapercibida y menos aun cuando visten de verde oliva y van armados. Nunca le había inspirado mucha confianza el muchacho de El Rancho; él había entregado a su marido, porque podía haberlo interceptado en el camino y haberle puesto sobre aviso.

Pensó en los sobrinos de Gustavo. ¿Y Miguel? ¿Dónde carajo andaría Miguel? Los fines de semana se esfumaba a primeras horas de la mañana para ir a ver los progresos de los sembrados que había comprado en Popayán, pero no tenía teléfono y solía estar con sus amigos perdido en alguno de los bares de la ciudad. En cuanto a su hermana, Sandra, ... era mejor esperar a ver qué se decidía, porque para llamar a París a dar una noticia así, había que pensárselo mucho.

Los autos comenzaron a llegar a una velocidad trepidante y la sala se llenó en un momento de familiares con los ojos empañados. Ana se abrazaba a unos y a otros, sin dejar de buscar con la mirada a Miguel; el sobrino de Gustavo, que vivía en casa con él desde que, hacía varios años muriera su padre. Raúl, otro de los sobrinos del libanés la tranquilizó y partió en su busca.

El reloj de la pared marcó las once y Ana se consumía entre las palabras tranquilizadoras y las soluciones que se esmeraban en aportar amigos y familiares. Todos opinaban y todos se ofrecían, pero ella se quedó prendada de la sensatez de Luis Salazar y de la energía de Pacho Valdés. Anita, en lo que te pueda ayudar, con el almacén, yendo al monte, lo que sea, me tenés a tu entera disposición, le dijo el primero. El otro gran amigo de Gustavo fue más parco: Ana, lo que querás.

Todos se empeñaban en ayudar esa noche, pero eran muy escasos los consejos realmente valiosos que recibió en su angustia. Poco a poco, la gente se fue marchando y se quedó sola, sentada en el sofá que daba directamente sobre la terraza. Acababa de pasar por el cuarto de Gustavito para arroparlo y besar su frente y supo que aguantaría. Tendría que armarse de mucho valor, pero estaba decidida a luchar por su hijo y por su esposo, un padre excepcional.

La lluvia azotaba los cristales de la sala y el agua formaba un canalillo que se escurría libremente por la barandilla, y eso le recordó la chaqueta que le había conseguido dar a Gustavo. Además de estar resfriado, odiaba con toda su alma el frío; lo aborrecía tanto que, cuando viajaban a Bogotá, se regresaban siempre antes de las ocho de la tarde. ¿Cómo estará? ¿En qué estará pensando?

Las lágrimas desbordaron sus ojos y miró el reloj: las tres de la madrugada. Miguel acababa de llegar. Alcanzó a balbucear un ¿qué fue? Viejita... ¿qué pasó? y se echó en sus brazos a llorar. Ahora toca esperar mijo, toca esperar. Después ya veremos qué hacemos.

V

Los hombres ya llevaban un buen rato gritándose los unos a los otros, pero él no se había apercibido del más mínimo ruido. La luna jugaba las últimas horas del escondite diario con el sol y la impenetrable oscuridad dominaba por completo el árbol al que Gustavo se hallaba fuertemente atado. Eran las cuatro de la mañana y todavía los habitantes de la selva no habían salido de sus madrigueras a saludar al nuevo día. La bruma se elevaba un metro del suelo y los guerrilleros aprovechaban para encender unos rudimentarios fogones de leña. Para ellos, era ya la hora de desayunar.

Algo le golpeó y se sobresaltó asustado. Entreabrió los ojos y sintió como la angustia le estrujaba el diafragma. No, no había sido una pesadilla. Sus pies continuaban firmemente aferrados a la base del árbol y sus adoloridas muñecas habían adquirido un tono violáceo. Frente a él pudo distinguir la silueta del mayor de sus captores.

—Levantáte Gustavito, que esto no es el Hotel Tequendama.

Abatido, frustrado y desesperanzado, el libanés se incorporó, sintiendo punzadas de dolor con cada movimiento que hacía. Echó un vistazo despectivo a las húmedas ropas que vestía y las sienes comenzaron a latirle con violencia: lo iban a fusilar.

Lo sabía. Si no fuera así, ya lo habrían dejado marchar con el mensaje que decían que le iban a entregar.

—Bueno ¿y no me iban a soltar hoy? ¿Dónde ésta el mensaje de las FARC que tengo que llevar a Cali? —preguntó vacilante.

El viejo guerrillero chasqueó la lengua. La orografía de su cara representaba un mapa de surcos que el viento y el sol se habían encargado de horadar con paciente minuciosidad. Era difícil descifrar el más mínimo cambio de humor en su semblante; sus músculos parecían sufrir tal atrofia, que ni se inmutaba cuando hablaba. Se aclaró la garganta y se le acercó.

—Gustavito, hoy mismo te vas. No te preocupés, hombre. Portáte como un hombrecito y verás cómo te soltamos hoy mismo.
—¿Hoy? —preguntó sin esconder el entusiasmo que le provocaba la promesa—. ¿A qué hora? ¿A mediodía? ¿Esta misma tarde?

Su interlocutor lo miró fijamente y pasó la vista sobre su bota derecha. Torció el tobillo para limpiar el grueso del barro que se le había acumulado en el empeine y, sin mediar palabra, dio media vuelta y se perdió. Por primera vez, Gustavo se dio cuenta de que, por mucho que insistiera, no iba a conseguir sacar más que burlas e insultos de las breves y aisladas conversaciones con los once guerrilleros que le acompañaban desde el primer momento. Así pues, otra de sus necesidades — la comunicación— tocaba también a su fin.

Prosiguieron la marcha manteniendo la misma dirección de los días anteriores, buscando probablemente la costa del Pacífico hacia el área noroccidental del país. El sol se fue filtrando por entre la maraña de los milenarios árboles que sorteaban en el camino, ahogando el mismo aire con un sofocante calor. Frente a él desfilaban cuatro de los más jóvenes y, tras de sí, seguía el resto del grupo entre risas apagadas y comentarios jocosos.

Gustavo pudo observar a lo largo de toda la jornada como, cada dos horas, se hacía un alto para recuperar el aliento. La ubicación de sol y los casi imperceptibles cambios de clima le sugerían la dirección en la que se encaminaban y la hora del día. En cada parada, sus captores reponían fuerzas con el agua y los alimentos que acarreaban a la espalda en sus abultadas y desvencijadas mochilas.

Finalmente, sobre las ocho de la tarde, alcanzaron un minúsculo claro al borde de una quebrada donde pasarían la noche. El Gato, uno de los hombres, sacó una corroída cazuelita y rápidamente improvisó un café. Todos degustaron la infusión mientras Carlitos amarraba a Gustavo a su inseparable cadena y cambiaba las ataduras de las manos de atrás hacia adelante.

Don Chepe, el más viejo de ellos, se le acercó y, con un brusco ademán, le invitó a tomar una sucia taza de plástico en la que humeaban un par de traguitos del café que habían preparado. El libanés rechazó el ofrecimiento con hostilidad en protesta a los continuos insultos y malos tratos. Le habían prometido que lo soltarían y no habían hecho el más mínimo gesto para mejorar sus condiciones siquiera.

—¡Allá tú! En cinco días vas a suplicar que te demos aunque sea nuestros orines para tomar.

¡Cinco días! Lo sabía, lo sabía. No lo iban a liberar, todo era pura paja[vi]. El engaño ya estaba por completo al descubierto. La ira y la impotencia se fundieron en un solo sentimiento que le contraía el estómago y le formaba un nudo en la garganta. La respiración entrecortada, los adoloridos músculos en tensión y la rabia... pero no podía ni llorar, ni gritar. Le habían privado incluso de eso.

Las sombras apagaron el fuego y las voces se fueron perdiendo en susurros, mientras Gustavo se dejaba caer contra las raíces que sobresalían del suelo a un poco más de un centenar de metros de las cenizas. La zozobra y la debilidad sustituyeron esa noche al colchón y la almohada.

[vi] Coloquialmente, todo era mentira.

VI

Por segundo día consecutivo, Ana había amanecido tumbada sobre el sofá del salón y, aunque tenía frío, se quedó un rato contemplando a los pajaritos que todas las mañanas se posaban sobre las sillas de la terraza. Gustavito la había despertado con un beso de despedida. Su tío Pedro se había ofrecido a llevarlo al colegio, consciente de que ella no quería separarse del teléfono y de que, además, estaba ojerosa y sumamente agotada.

El domingo había sido un día muy duro. Miguel, Raúl, Ricardo y Ernesto habían organizado una partida armada y se habían ido a El Rancho en busca de su marido. El sobrino de Gustavo se había marchado pese a la oposición de Ana, que trató de aplacar la desesperación del muchacho aconsejándole que se armara de paciencia y se preparara para un inevitable diálogo con los secuestradores.

Miguel prácticamente la había ignorado y había hecho su propio corro con el tropel de familiares que, desde las primeras horas del día, habían tomado la casa. La situación se le estaba yendo de las manos y pensaba que debía ser ella la que marcara los pasos a seguir. Se consideraba lo suficientemente madura y sensata como para poder hacerlo. Nadie se pensaba tanto las cosas antes de tomar una decisión como ella.

Todo el mundo mantenía su intención de ayudarla, pero no todos podían hacerlo. Así pues, cuando la gente fue abandonando la casa al caer la tarde, llamó aparte a sus hermanos, Ricardo y Pedro, a dos de los mejores amigos de Gustavo, Luis y Pacho, y a Miguel. Decidieron reunirse para evaluar las propuestas de los guerrilleros y actuar en consecuencia y, para evitar que el niño pudiera sospechar del continuo trasiego de personas, acordaron que las reuniones las celebrarían en un apartamento que ofreció Pacho.

Luis era el más viejo de los amigos de Gustavo. Rondaba los setenta años y desde hacía cinco estaba retirado, pero empleaba la mayor parte de su tiempo en pequeños negocios con ganado. Pacho, por su parte, era abogado y, aunque era un poco menor que el libanés, había decidido jubilarse y dejar el bufete a su hijo.

Echó un vistazo a su reloj de pulsera y se puso en pie. El domingo, con todos sus disgustos, incluido el de Ernesto —que se molestó mucho cuando ella decidió asignarle uno de los jeeps de Gustavo a Raúl hasta que esto concluyera—, ya era parte del pasado. Ayer había tenido que ir al almacén principal a notificar a los empleados el estado de la situación y a revisar parte de los documentos de su esposo.

—Las cosas van a seguir exactamente igual que antes. Desconocemos cuanto tiempo estaremos sin Gustavo, pero les garantizo que todo se va a mantener como si él estuviera aquí. Desde ahorita mismo, Don Francisco se hará cargo de este almacén, aunque yo me encargaré personalmente de la gestión de todos los negocios de mi marido... Eso es todo. Si alguno de ustedes no está conforme, que por favor pase por mi escritorio y arreglamos la situación. Gracias. Muchas gracias.

Antes de darse media vuelta escuchó las palabras de ánimo de los empleados de la cementera y se emocionó. Gustavo podía sentirse orgulloso del gran personal que tenía y, sobre todo, de Francisco, un hombre en el que se podía confiar ciegamente. Quince minutos después tuvo que despachar a los únicos dos trabajadores que intentaron aprovecharse de la situación exigiendo unas presuntas promesas que les hiciera su marido el mismo sábado por la mañana.

El grupo que había ido a las haciendas el domingo había hecho un inventario de las existencias y había contado las cabezas de ganado, cuya suma —882— se correspondía con la cifra que Ana había visto en una pequeña nota que Gustavo se había dejado en su oficina debajo de un pisapapeles. Por su parte, ella comenzó a familiarizarse con los documentos que su marido guardaba celosamente bajo llave en el almacén.

Secuestro era sinónimo de pago y Ana debía conocer su situación financiera antes de que se estableciera cualquier contacto. Así que, haciendo un gran esfuerzo por rememorar lo que estudiara seis años atrás en la universidad, nadó entre los activos, los pasivos y los balances toda la tarde de ese lunes, manteniendo la mente ocupada.

Sobre las ocho la había recogido Pacho y se habían acercado a casa de Claudio Perea, que había servido como intermediario en el secuestro de Isaac Tebas. El relato del secuestro había resultado tan espeluznante, que Ana se sintió mareada y la descripción de la venganza que decían haber tomado con las familias de los secuestradores le provocó náuseas. Aun así, le habían expuesto un cuadro general en el que figuraba en primer lugar la espera: ¡ellos se comunicarán con ustedes!

No quedó demasiado convencida del apasionado relato que le hiciera Perea y consiguió que Luis Salazar hablara esa misma noche con Eduardo Guevara, un agricultor que había sido secuestrado tres años antes. ¡Hay que esperar! Pero, con la salvedad de que los secuestros se habían producido en dos zonas bastante alejadas entre sí y por dos grupos guerrilleros distintos, eran varios los denominadores comunes.

Ana descolgó el teléfono y marcó el número de don Nicolás Rodríguez, el propietario de la pequeña bodega[vii] en la que se abastecía la gente de Gustavo y de las haciendas colindantes.

—¿Don Nicolás? Vea, soy Ana, la señora del libanés...
—Señora ¿cómo me le va? Supe lo de don Gustavo... ¿En qué la puedo servir?
—Bueno, pues mire don Nicolás que me han dicho que, de repente, le buscan y le dan un recado, porque nos contaron que muchas veces la guerrilla se pone en contacto con gente del pueblo y le dan razón del secuestrado.
—Pues señora, si se comunican acá, yo se lo hago saber ¿cómo no?
—Ok, espero saber de usted.
—No se preocupe doña Ana, que yo voy a estar atento.

Colgó y se quedó pensativa un rato. Tomó unas gruesas carpetas de la mesa del salón y las dejó sobre el comedor. Cuentas de bancos, títulos de propiedad de los vehículos y de las fincas, relaciones de stocks, valores de mercancías, todo lo que Nancy —la contable de Gustavo— le había podido reunir entre el lunes y el martes. Nada fuera de lo normal, nada que ella desconociera: poseían una pequeña fortuna, pero invertida en bienes raíces o en bienes inmuebles.

[vii] Ultramarinos.

Se propuso ir al almacén a diario desde ese mismo día. No podía dejar que los negocios de su marido se fueran a pique precisamente en el momento en que más iban a necesitar de ellos. Jamás había trabajado en su oficina, pero estaba segura de poder actualizarse rápidamente. En cuanto al niño, lo mejor sería que alguno de sus hermanos lo recogiera y lo dejara en casa de su madre; ella pasaría a por él a media tarde.

VII

José Barbosa Gómez sabía el miedo que imponía su presencia y, precisamente por ello, disfrutaba intimidando a sus subalternos. Escasamente superaba el metro setenta de altura, pero era un hombre corpulento y violento, que en la más inocente de las miradas creía ver una burla. Entendía que su origen humilde era una pesada carga que tenía que llevar para siempre sobre sus hombros.

—Teniente, el capitán me mandó a preguntarle que qué vamos a hacer con lo del secuestro del libanés —le inquirió atropelladamente el cabo desde el umbral de su oficina.
—¡No me jodás, Cifuentes! ¡Desaparecé!

Barbosa se arrellanó en su silla metálica y encendió un cigarrillo. Aspiró profundamente el humo y soltó una bocanada de placer. Te lo tenías merecido, malparido; te lo merecés. Su mente aún retenía el momento de la llegada del gran campeón a Cali. Los fotógrafos se atropellaban y los largos micrófonos chocaban entre sí soltando estática en agudos pitidos.

Gustavo Aoún llegaba triunfante después de haberse consagrado como la máxima figura del tenis latinoamericano y su ciudad le recibía en olor de multitudes. Sonrió. Entonces él era uno de los tantos soldados destacados permanentemente en el aeropuerto y, hoy, cuarenta años después, no era más que un teniente que inspiraba terror en su gente, pero al que despreciaban profundamente sus superiores.

¡Hijueputas! Le despreciaban por su cabello rizado, por sus gruesos labios, por el color de su piel. Y Aoún era uno de ellos, uno de esos que comían los fines de semana en el Club Campestre, que se iba de vacaciones a Miami y que cambiaba de auto como quien se cambia de ropa. Mientras tanto, Barbosa tenía que redondearse su ínfimo sueldo con unas cuantas corruptelas porque, aunque le llegaba para hacer funcionar su casa, ¡a él nadie lo iba a privar de sus hembritas y su aguardiente! Y eso costaba dinero.

—... Teniente, me manda el capitán que le diga que...
—¡Ya sé, ya sé! Decíle que voy para allá.

Estrujó la humeante colilla contra un desportillado cenicero de barro y se incorporó malhumorado. Recogió unos cuantos papeles dispersos por su mesa y los apiló porque pensaba que, aunque nada tenían que ver con el caso Aoún, daba prestancia llevar documentos bajo el brazo. Y echó a andar hacia la comandancia.

El teniente atravesó el patio de armas y pegó un grito a dos soldados que jugaban a mojarse mientras lavaban algunos camiones. ¡Mierda de disciplina, carajo! Frente a él, bajo los soportales del edificio principal, uno de los vigías fumaba disimuladamente. ¡Cuádrese! ¡Mirá, hijueputa, la guardia ni fuma, ni traga saliva, ni parpadea, ni respira! ¡Cómo te agarre fumando vas a limpiar con el culo los cañones de los fusiles de toda la armería! ¿Entendés? ¡Sí, mi teniente!

—Pase Barbosa. Pase y siéntese.

El capitán Restrepo oteaba el cielo por la ventana. Iba a llover y le acababan de lavar el jeep. ¡Carajo, qué mala suerte! Les tocará a los muchachos lavarme nuevamente el carro mañana. Se dio media vuelta y lanzó una severa mirada al teniente, que jugueteaba con una moneda entre sus dedos.

—¿Esos papeles que tiene en la mano tienen que ver con el caso?

—No, mi capitán, son de otros asuntos —respondió azorado al sentirse descubierto—. Pero estamos trabajando duro y ya hemos hecho avances.

—¿Ah sí? —preguntó incrédulo Restrepo? —. ¿Qué hay de nuevo?

—Bueno... pues que está con vida en el sector noroccidental de la selva y que ya han comenzado a hablar de plata y que...

—¡Cállese! Míreme bien a la cara Barbosa. ¿Me cree un huevón? ¿Qué me va a decir a continuación? ... ¿que lo han secuestrado, que son guerrilleros los que lo hicieron, que fue en horas de la tarde?

El capitán calló y se quedó mirando al oficial con la cara presa de la congestión. El zumbido de una mosca rompía el silencio que se había adueñado de la estancia, pero la tensión se podía cortar con un cuchillo; los dos hombres estaban extremadamente furiosos. La puerta se entreabrió dejando que se colara el traqueteo de una máquina de escribir lejana y una secretaria entregó una carpeta a Restrepo, que la tomó sin levantar la vista de Barbosa.

—¡Largáte Sogranhijueputa! ¡Andáte a emborracharte, que es lo único que sabés hacer bien! Pero... pero como no me tenga un informe detallado para mañana a primera hora sobre el caso Aoún, despídase de sus galones, porque me voy a encargar de que lo degraden, teniente. ¡A las 7:00 en punto sobre mi mesa! ¡Váyase ya, carajo! ¡Desaparezca de mi vista!

Barbosa se alejó rápidamente de la oficina del capitán con la cara desencajada. Hacía un esfuerzo por disimular la humillación que había sufrido e intentaba fingir una sonrisa despreocupada, pero la tensión le traicionaba y le dibujaba un rictus en la boca. Cuando alcanzó las escaleras que daban al patio agarró a dos reclutas que subían un tanto aburridos.

—¡Ustedes dos, ocho vueltas al patio a paso ligero!
—Pe... pero mi teniente, si no hemos hecho nada...
—¡No discuta las órdenes! ¡Diez vueltas trotando!
—¡Teniente, por favor!
—¡Abajo carajo! Me dan doce vueltas corriendo o las van a dar en cuclillas.

Abatidos, los dos muchachos se precipitaron escaleras abajo y, obedeciendo al teniente, se lanzaron a la carrera. Barbosa se encendió un cigarrillo y dejó escapar una gran bocanada de humo. Se detuvo al pie de la guardia y, de reojo, echó un vistazo al soldado que amonestara cinco minutos antes. Dio otra chupada al Marlboro y sonrió satisfecho.

VIII

Golpeó con fuerza la bola y su contrincante no pudo atajarla. Sesenta a quince. Había ganado otra vez. Se plantó frente a la red en dos zancadas y, tras cambiarse la raqueta de mano, estrechó la palma que le ofrecía amistosamente su hermano. Aunque los sesenta años le esperaban a la vuelta de la esquina, Gustavo mantenía aún los reflejos y la habilidad que hicieran de él una figura del tenis sudamericano cuatro décadas antes.

Se colgó una pequeña toalla del cuello y se pasó el antebrazo por la sudorosa frente. Tomó la botella de agua y engulló un buen trago pero, cuando se disponía a recoger del suelo un par de pelotas, sintió un fuerte golpe en el estómago. Lanzó un quejido ahogado y abrió los ojos.

—¡Movéte marica, que no tenemos todo el día!

El libanés correspondió la patada con una mirada de odio e intentó incorporarse, pero le fallaron las fuerzas. Exhausto, lanzó un suspiro y observó cómo le liberaban los pies. No había amanecido aún. Otra patada y ¡levántese, carajo! Un nuevo intento y un suplicante ¡que no ven que no puedo! Se sentó jadeando.

El que llamaban Fabio liberó sendos pares de ramas de dos certeros machetazos. Los flexionó y se los lanzó a sus compañeros. En menos de un minuto una lluvia de golpes se desató contra él. La frente, la nuca y los hombros se estremecían con cada golpe. Y el remedio resultó peor que la enfermedad, porque cuando se llevó las manos a la cabeza para protegerse, los latigazos le despellejaron los nudillos. El hijueputa del Carlitos ¡cómo disfruta!

Primero una rodilla, luego el otro pie; la cadera arriba de un impulso y ya estaba erguido. La paliza cesó casi de inmediato. Eran las cinco de la madrugada y las FARC le daban los buenos días de la forma que sólo ellos los saben dar.

—Viste malparido cómo con fuerza de voluntad se vence la pereza.

Un pie detrás del otro y comenzó a caminar con la sensación de haberlo estado haciendo eternamente, con la salvedad de que, por primera vez, andaba con las manos atadas delante, lo que al menos le facilitaba la ascensión por el espeso monte. Una marcha más marcada por la fatiga y el agotamiento.

Varias horas más tarde, cuando el sol dominaba el cielo y lanzaba sus rayos entre las copas de los gigantescos árboles para que los engullera la húmeda y compacta masa que formaban las hojas vencidas sobre el suelo, Don Chepe levantó su brazo izquierdo y cerró el puño: era la señal para ponerse a cubierto. Alguien empujó a Gustavo y todos se lanzaron cuerpo a tierra. Reinaba el silencio pero, a unos cien metros sobre el flanco izquierdo, el follaje se movía ostensiblemente.

Pocos minutos después pudieron distinguir el motivo de la agitación. Un par de brazos cubiertos desde el codo por un uniforme verde oliva quedaron al descubierto por encima de los tallos que su machete dejaba a medio cortar. Casi al unísono, sus custodios montaron los percutores de los fusiles con un click metálico. Los otros se apercibieron y levantaron los cañones por encima de la cintura.

—¡De vaina[viii] no nos los tostamos, maricas! A ver si toman más precauciones la próxima vez.

Los catorce hombres que habían emboscado se saludaron con Don Chepe y su gente. Todos vestían ropas de campaña y llevaban colgado del hombro su inseparable fusil.

—¿Quiénes son? —preguntó interesado a Carlitos.
—¡Calláte, hijueputa!

Una vez más, una negativa a responder; nuevamente un insulto. Las relaciones con sus captores no habían mejorado ni un ápice desde que fuera secuestrado. Las cosas habían empeorado: cada vez se empleaban con más brutalidad, cada vez le ignoraban y le insultaban más. Y cada vez se sentía más débil físicamente. Tenía miedo a desfallecer psíquicamente también, por ello se encomendaba a Dios todas las noches y soñaba que paseaba en lancha con su mujer y que jugaba con su hijo a robarle castillos de arena a la playa.

La columna se puso en marcha y, gracias a un par de frases sueltas, pudo deducir que con quienes se habían encontrado formaban parte de otra facción o frente de las FARC. ¡Increíble pensar la cantidad de malparidos que hay en este país de mierda! Y no pudo reprimir una sonrisa cargada de ironía.

[viii] En Colombia, coloquialmente, casi.

Sobre las dos de la mañana alcanzaron una camuflada explanada sobre la que se abría un gigantesco campamento. El libanés puso sus cinco sentidos en funcionamiento. Decenas de hombres, agrupados en torno a pequeños fuegos, se reían o conversaban con naturalidad. ¡Ahora sí! O me matan o me sueltan, pensó.

IX

La sirvienta le retiró el plato un tanto entristecida. Ana apenas había probado la ensalada, y el filete de pollo descansaba intacto entre la guarnición de arroz a la cubana. No se había pesado en varias semanas, pero sabía que había perdido cerca de una decena de kilos. El café y los cigarrillos la mantenían en pie aunque, cuando el cansancio se apoderaba de ella, tampoco le resultaba fácil conciliar el sueño: se despertaba en mitad de la noche, bañada en sudor y alterada.

—Mami ¿cuándo regresa mi papá?
—Él está en la finca; pero no lo sé, mijito, creo que pronto.
—¿Y por qué no lo sabés?

El teléfono repicó dos veces y una de las muchachas del servicio lo respondió. Doña Ana, es para usted, pero se oye bastante mal, puede que sea del extranjero. Ana soltó la servilleta y tomó el auricular con temor; no podía ser don Nicolás, porque ya había hablado con él un par de horas antes. ¿Sería Sandra desde París?

—Aló.
—Doña Ana, soy Nicolás, de la bodega...
—Sí, sí ¿qué hay?
—Me dejaron un sobre acá para usted. ¿Cómo hacemos?
—Ya mando a por él. Gracias, gracias don Nicolás.

Colgó emocionada. ¡Habían dado señales de vida! Llamó a la casa de sus padres y le dio la noticia a Pedro, que estaba con Raúl, el sobrino de Gustavo; él iría al pueblo a recoger el sobre y su hermano saldría inmediatamente hacia su casa, después de hablar con Luis y Pacho. Ana consiguió localizar a Miguel en uno de los almacenes de su tío. Habían transcurrido quince días de amarga espera, ¡pero ya habían hecho el contacto!

Esta eternidad la había consagrado a organizar el papeleo en la oficina, a burlar las preguntas sin respuesta que le hacían a diario y a estar pendiente del contacto. Llamaba todos los días dos veces al viejo don Nicolás para preguntarle qué se sabía. La desesperación y la angustia no la dejaban comer ni dormir y por escape no tenía más que un grueso diario, al que martirizaba con sus preocupaciones.

Tres horas después, poco antes de las dos de la tarde, Raúl cruzó el umbral de la puerta con un sobre en sus manos. Ana lo agarró temblando y rasgó el envoltorio para dejar al descubierto una hoja vulgarmente mecanografiada. Los secuestradores se identificaban como miembros de las FARC y emplazaban a Ana y a don Nicolás a presentarse en diez días en un punto de la selva que ellos indicaban con claridad.

Las dos personas mencionadas debían tomar un jeep de color blanco, atarle un trapo de color rojo al retrovisor derecho y dirigirse a una carretera auxiliar en la que les interceptaría un hombre vestido de azul y verde, con un pañuelo rojo anudado al cuello. La deficiente ortografía del escrito parecía más bien fruto de la premeditación que de la falta de conocimiento de los secuestradores.

Se subieron en tres carros y se marcharon al apartamento de Pacho, porque el niño estaba por llegar del colegio y debía mantenerse la incógnita para él. Cuando todos estuvieron dispuestos, comenzaron a estudiar la primera de las peticiones de los guerrilleros.

—Tú, Ana, no podés ir —dijo tajante Luis.

—¿Cómo qué no? ¿Acaso no leíste que era una condición innegociable? —le respondió ella.

—Nos da mucha pena[ix], pero vos no vas; hemos tomado la decisión de que tú no vas —repitió aún más enérgico.

—Vos sos mujer y tenés un hijo que criar. Quien debe ir es Miguel, que para eso es como un hijo para Gustavo —apostilló Ricardo.

—¿Yooo? —preguntó con los ojos muy abiertos—. ¿Yo al monte? No, yo no voy, ni pensarlo.

Se hizo el silencio en la estancia y todas las miradas convergieron en Miguel, que seguía negándose con un gesto de cabeza. En su cara se leía el miedo y cada uno de ellos se dijo para sí que, probablemente, el muchacho que Gustavo quería como a un hijo temía que los guerrilleros le echaran el guante a él también si se presentaba a esa entrevista.

—Él no va, pero yo sí —sentenció Ana.

—¡Carajo, Anita! Tú eres su esposa; tenés que pensar en el niño.

—No, Ricardo. ¡Yo voy! ¡Sé que no me va a pasar nada!

—Pues que vaya ella —dijo Pacho.

—No sigamos discutiendo. Yo voy. Vamos a buscar un jeep blanco y yo recogeré a don Nicolás.

—Yo me encargo de conseguir el jeep —concluyó Miguel.

[ix] En Colombia, coloquialmente, sentirlo mucho.

Ana sintió que un sudor frío le recorría el cuerpo. Se había empeñado en ir porque se sentía obligada. El sobrino de su marido, la persona más adecuada, se había negado y era comprensible; cada uno es dueño de su propio miedo y a él le había podido. Y, por otra parte, tampoco podía obligar a sus hermanos a dar la cara por Gustavo. Tenía miedo porque no sabía si regresaría del encuentro, pero deseaba a toda costa saber si seguía con vida.

—Bueno, Anita, te vas a ir con unas preguntas para Gustavo, para que los guerrilleros se las lleven y él las conteste. Ya sabés, fue la primera recomendación que nos hizo Claudio Perea...
—Bien, Luis.
—Y les mandás a decir que, cada vez que nos reunamos con ellos, nos tendrán que dar una prueba de supervivencia, de que está vivo.
—Sí, claro. Lo único que quería decir era que, por favor, todo lo que hablemos aquí lo mantengamos en la intimidad, entre nosotros ¿de acuerdo?

Todos asintieron con la cabeza y dieron por terminada la reunión. Ana volvió con Miguel a casa y en todo el trayecto no se dirigieron ni una sola palabra. Ella se sentía desamparada, pero le animaba el saber que en unos cuantos días al menos sabría si Gustavo seguía con vida.

X

El capitán rugió una obscenidad y apuró de un trago el tinto[x] que le trajera su secretaria antes de que recibiera al teniente Barbosa. ¡Puaj, qué asco! estaba frío. Se encaminó al ventanal que daba sobre la calle y paseó distraídamente la mirada por la húmeda acera. Un jovencito intentaba ayudar a un viejo ciego a atravesar la calle, mientras un conductor descargaba frenéticamente su bocina contra él. Dos señoras chismeaban frente a la pescadería y una hermosa mujer compraba un periódico en el quiosco.

Regresó a su mesa y ojeó los expedientes que le habían ido amontonando ordenadamente en uno de los extremos. Se sentó, apagó el ruidoso ventilador de pie y encendió la radio, sintonizando su emisora favorita. Decididamente, hoy no tenía ganas de trabajar, estaba aburrido de tanta incompetencia y tantos problemas.

Aoún, Gustavo Aoún. ¡Pobre hombre!, debía estar en algún lugar de la selva sufriendo una barbaridad a manos de un hatajo de guerrilleros malparidos, y le daba lástima. Siendo un niño había salido a la calle a festejar sus triunfos deportivos como si se hubiera tratado de los suyos propios; y hoy era el encargado de organizar su búsqueda.

---

[x] Infusión de café.

El libanés está limpio, se dijo. No se le conocen vicios ni debilidades, sus negocios son transparentes, no ha trabajado para los narcos ni les ha lavado su dinero... Era un hombre hecho a sí mismo, eso que los huevones de la DEA[xi] llamaban un *self made man* (un hombre hecho a sí mismo), que había hecho una pequeña fortuna con mucho trabajo y gran dedicación.

Suspiró. Él no podía hacer gran cosa por Aoún. Por mucho que quisiera ayudarle, no contaba ni con los efectivos ni con los vehículos necesarios para montar un operativo de búsqueda; y, además, la guerrilla estaba casi mejor pertrechada que sus propios soldados. Siempre podía mandar a Barbosa con una veintena de hombres al monte pero, con lo bruto y haragán que era, podía dar al traste con todo, porque era un negado para cualquier otra cosa que no fuera el trago.

Restrepo sabía que, aunque la primera esperanza de un secuestrado no es otra que un rescate armado, termina desengañándose, porque el Ejército se había ido revistiendo de una imagen de inutilidad tal, que los pocos éxitos que habían podido apuntarse pasaban totalmente inadvertidos ante la opinión pública. ¡Y qué decir del comportamiento de las tropas! Allí donde llegaban confiscaban y se apropiaban de todo lo que les llamaba la atención, cuando hasta los guerrilleros tenían la decencia de pagar lo que tomaban de vez en cuando.

—¡Capitán, un despacho urgente de Bogotá!

[xi] *Drug Enforcement Agency*, Agencia antinarcóticos estadounidense.

Se puso los anteojos y leyó las cuatro líneas mecanografiadas en el papel. ¡Ese era el problema! ¡Sólo servimos para esto! Levantó la cabeza y gritó en dirección a la puerta. ¡Sargento, véngase para acá! El mensaje exigía cuatro vehículos de escolta para una comisión del Senado que venía a Cali a examinar el problema de la violencia rural y a reunirse con las autoridades de la ciudad.

XI

Los guerrilleros estaban reunidos en grupitos de una docena en torno a humeantes fuegos de leña. Bebían café, fumaban y charlaban sobre cosas inaudibles para Gustavo, que se hallaba a un par de centenares de metros de ellos, encadenado a un grueso tronco. Unos noventa hombres y cerca de doce o quince mujeres poblaban la allanada superficie que se extendía bajo sus pies.

Mujeres espantosas, mal encaradas, grotescas y vastas. La mayoría de ellas no superaba el metro sesenta de altura, aunque ya había visto un par de ellas de altura superior. Sus macilentas caras y sus amarillentos dientes destilaban las ordinarieces propias de su bajo estrato social. Lo más chusma de la chusma se había reunido aquella noche lluviosa en algún lugar de la selva colombiana. Y la promiscuidad parecía ser el denominador común. Aunque daba la impresión de que existían parejas, lo cierto era que se observaba claramente como las mujeres eran cedidas por unos a los otros cuando a estos últimos se les encendían los ojos y les apretaba la entrepierna.

El libanés buscó con la mirada los niños-guerrilleros que tantas veces había visto en la televisión, pero no pudo dar con ninguno. Le llamó la atención el hecho de que, pese a que las edades de los combatientes oscilaban entre los dieciséis y los cincuenta y cinco años, no mantenían ningún rasgo fisonómico común entre ellos. Todos formaban parte de esa clase emergente del país, organizada en lo que él denominaba "zambocracia".

El zambo, esa especie de mezcla entre mulato e indígena que hace de su vida una acumulación infinita de envidias, que se manifiesta sólo a través del resentimiento, estaba destrozando Colombia. La zambocracia —pensaba Gustavo— no puede permitir que nadie tenga una parcela propia o un carrito[xii], por modesto que sea, sin caer en la tentación de calificarle de rico opresor y explotador y poner todos los medios a su alcance para terminar con ese presunto privilegio de unos pocos.

Cada día la guerrilla marxista-leninista colombiana ponía en práctica mejor las lecciones aprendidas de sus maestros los cubanos; la clase dirigente debe desaparecer y ellos deben ocupar su lugar. Hay que quebrar la moral de empresarios, industriales y hacendados y distribuir sus bienes entre el pueblo, término genérico bajo el que se cobijan para poner en práctica el chantaje y la extorsión, y sembrar de muerte las zonas rurales del país.

Los métodos que Fidel Castro implantó a hierro y fuego en Cuba no se habían extinguido con la crisis económica que asolaba la isla. Las armas de la Revolución que se introducían por los ríos Cajambre y Yurumbí ya no surtían los arsenales de las FARC y del M-19[xiii], pero el germen del terror ya había prendido con fuerza en la selva colombiana.

[xii] Diminutivo, automóvil.
[xiii] Movimiento 19 de Abril, grupo guerrillero colombiano.

El libanés se estremeció; el frío era su peor enemigo. Las temperaturas del húmedo monte, que en las horas calurosas del día alcanzaban los veintiséis grados centígrados en ocasiones, descendían vertiginosamente hasta los cuatro grados durante la madrugada. La lluvia continua le calaba hasta los huesos, porque no tenía ni un mal toldo que le protegiera. Sin embargo, los guerrilleros se resguardaban en sus cambuches, rudimentarios refugios que levantaban con ramas de la palma de chonta y que cubrían con piezas de plástico a modo de cobertores. Las improvisadas mesas, con capacidad para una docena de personas, eran también del mismo material.

Gustavo sintió cosquillas en el labio y escupió. Tenía la impresión de que todos los animales de la Creación pasaban por su cuerpo. Tábanos, yaibíes, jejenes, moscos y zancudos le habían hinchado sobremanera la cara. De noche se despertaba sobresaltado, hasta una docena de veces, cuando se le introducían en la boca, la nariz y los oídos. Y los maricas éstos que me decían que lo único que tenía que evitar era la picadura de los pitos...

El pito, bicho que se asemeja a una cucaracha grande, llegaba silenciosamente durante la noche para succionar suficiente sangre para llenar los aproximadamente tres mililitros de su cavidad estomacal. Tragaban tanto líquido que les era casi imposible desplazarse. El libanés amanecía rodeado de ellos y, con repugnancia, se miraba el torso, las piernas y los brazos llenos de sangre y se preguntaba cuánto tardaría en enfermarse o en comenzar a sentir los efectos de la anemia.

La guerrilla siempre se movía entre los 1.700 y los 2.000 metros de altitud, más que para no ser detectada, para evitar la picadura del mosquito anopheles y la mordedura de la víbora.

Quince años de caza de pelo por estas mismas montañas le habían dejado a Gustavo suficientes experiencias como para poder enorgullecerse de conocerla a fondo. Esta culebra habita los bosques de más de cien metros de altitud y vive cerca de doce años, aunque es corriente que suba a climas más fríos para hibernar, como los osos, y así doblar su edad.

La víbora está tan supremamente bien dotada por la naturaleza, que constituía la envidia de otras varias especies. El libanés rió para sus adentros. Este animal tiene dos penes llamados hemipenes y, una vez cargada la hembra, segrega un fluido con el que la sella, evitando que mantenga más contactos sexuales hasta el alumbramiento. Era, en cierto modo, una cualidad semejante a la costumbre medieval de los caballeros de preservar la virtud de sus mujeres con cinturones de castidad cuando las abandonaban para hacer la guerra.

La mordedura mortal de esta culebra que despertaba las envidias de los hombres, era sólo comparable a la de la bequis y la de la coral. Sin embargo, era corriente toparse con ellas cuando ya habían inyectado su letal veneno y vaciado por tanto sus glándulas. Pero esta idea apenas si le tranquilizaba mientras cabeceaba de madrugada, angustiado.

¡Y qué decir del tema de la ecología!, pensaba Gustavo. Los movimientos de izquierda —guerrilla incluida—, que tanta preocupación procuraban mostrar ante la opinión pública, eran los primeros que, soterradamente, se encargaban de contribuir a su destrucción. En menos de media hora, una cuadrilla de guerrilleros arrasaba, peinilla[xiv] en mano, el equivalente a una manzana de selva para poner en pie su

---

[xiv] Machete.

campamento, independientemente del tiempo que fueran a permanecer en él.

Pero estas limpiezas sistemáticas respondían también a su necesidad de lucro. Las FARC cultivaban marihuana, coca y amapola, como había podido advertir el libanés. Las esporádicas desapariciones de sus captores —siempre justificadas por un ¡estamos trabajando! — no tenían otro objeto que el del cultivo de droga en un lugar donde el clima resultaba más que propicio.

Gustavo, a pesar de estar empapado en sudor y de la humedad que desprendía su ropa, se sentía bien. Acababa de terminar para él una de las peores torturas a las que le habían sometido, y estaba roto. Durante casi una semana, le habían tenido encadenado a unas piedras bajo un chorro de agua de una docena de metros de altura, al pie de un pequeño río. El agua, que caía incesantemente sobre las rocas que estaban sobre él, rebotaba en las salientes y las pulverizadas gotas iban a estrellarse contra su maltratado cuerpo.

Sabía que estaban intentando agotarlo hasta la extenuación. Y lo estaban logrando. Allí encogido, aterido de frío, comía y hacía sus necesidades. Suplicaba que le dieran un respiro, que a cambio les daría lo que le pidieran; pero ellos desoían sus ruegos y él se hundía cada vez más y más. Y la esquizofrenia le llegó a dominar hasta el punto de que confundía la noche y el día y alternaba las lágrimas con una histérica risa.

Comenzaba a amanecer y seguía lloviendo. Llovía día y noche, noche y día. No dejaba de llover nunca. El sol derretía poco a poco la bruma que expedía la selva mojada y se llevaba consigo también el humo agonizante del fuego prendido por sus captores para preparar el desayuno.

XII

Luis ya la había acompañado a dar un par de vueltas en el jeep blanco que les habían prestado para acudir al lugar de la cita, pero Ana seguía sintiéndose insegura en un auto tan grande. Además, nunca había manejado[xv] fuera de Cali y mucho menos en las carreteras por las que tendría que rodar en tan sólo un par de horas. De todas formas, Luis la tranquilizó prometiéndole que la acompañaría la mayor parte del trayecto.

El viejo amigo de Gustavo le había lavado el cerebro. Mire que don Nicolás está muy viejo y es mejor que no maneje. ¡Si usted puede llevar un carro puede llevar un jeep, no importa que sea sincrónico! Pero lo que más le asustaba era pensar que era posible que no regresara, que fuera una trampa de la guerrilla ¿y el niño? ¿Qué pasaría con el niño entonces?

El trayecto hasta el kilómetro dieciocho de la carretera hacia el norte fue bastante tranquilo; Ana se iba haciendo al duro vehículo y Luis le tomaba la mano y le repetía ¡primera, ahora segunda!, ¡dejá que el ruido del motor te diga cuando tenés que meter otra marcha! Cuando llegaron al kilómetro treinta, el hombre descendió y Miguel, Pedro y Ricardo se aproximaron. Era la hora de las despedidas.

[xv] Conducido.

Entre sollozos se abrazaron. Ana agarró a Pedro del cuello de la camisa y lo atrajo hacia la ventanilla. Sus hermanos se empeñaron en que se quedara, que ellos acudirían a la cita, pero se negó porque sabía que otros se encargarían de censurarla si los dejaba ir; lo considerarían una intromisión de la familia Jaramillo.

—¡Anita, por Dios Santo, que volvás!
—Sí, Pedrito, sí, pero si algo me llega a pasar, si yo no vuelvo, quiero que te lleves a mi hijo y lo críes...

Y no pudo seguir, anegada en lágrimas sufría la peor de las torturas, los sentimientos encontrados. No lo había pasado tan mal desde la tarde en que se enteró del secuestro. ¡Será que voy a volver! Metió primera, aceleró y las ruedas chirriaron. Diez minutos más adelante, en un pequeño cruce, le esperaba Raúl, que había ido a recoger al viejo bodeguero. Le dio un fuerte beso y arrancó con don Nicolás.

—Señora, déjeme que yo le maneje.
—No, no se preocupe, don Nicolás, mejor manejo yo.
—Bueno, pues mejor para mí. Doña Ana ¿usted va tranquila?
—¿Yo? Sí, voy tranquila, no se preocupe.

Allí estaba, llevando un todo terreno por primera vez en su vida ¡y en carretera!, acompañada por un hombre de casi setenta años que vestía guayabera[xvi] y se cubría los cuatro pelos que le quedaban con un viejo sombrero de fieltro. La caja de cambios del jeep gruñía con cada salto y el cielo se iba cubriendo cada vez más. ¡Sólo falta que llueva!

[xvi] Tipo de camisa muy común en el Trópico.

Llegaron al Queremal y tomaron una carretera auxiliar que se abría a cinco kilómetros del pueblo, tal y como les habían indicado los secuestradores en la misiva. Y no habían recorrido ni diez metros, cuando un autobús se situó tras ellos. La vía era demasiado estrecha para que los pudiera adelantar, así que el conductor pareció decidirse por la intimidación.

Ana miraba una y otra vez por el retrovisor y cada vistazo que echaba le asustaba más que el anterior. La carretera descendía vertiginosamente entre curvas muy cerradas y el autobús pitaba y pitaba. Ella miró por última vez al espejo y ahogó un grito: el guardabarros del bus estaba pisando prácticamente la parte de atrás del jeep.

Pisó a fondo el acelerador y viró hacia una entradita, una especie de pequeño mirador que estaba al borde de la carretera, y frenó en seco. El autobús pasó como una exhalación a escasos centímetros de ellos, soltando un humo negruzco y apestoso. Entonces recordó que Pacho le había dicho que seguramente los estarían vigilando; ¡vaya seguridad, carajo!

Don Nicolás, que conocía esta vía desde hacía varios años, le hizo saber que faltaba muy poco para que se acabara la carretera vieja de Chicayá. ¿Se habrían pasado del punto de encuentro? El auto se puso en movimiento otra vez, pero esta vez muy lentamente. Tenían que localizar al hombre vestido de verde y azul con el trapo rojo anudado al cuello.

¡Dios mío, que aparezca aunque sea un caballo vestido así!, se dijo Ana angustiada.

La tos que le provocaban compulsivamente los nervios la atacó violentamente, obligándola a taparse la boca con una mano y mover el volante con la otra. Rodaron cuesta abajo dos curvas y, cuando se disponían a doblar la tercera, un hombre se descolgó de una palma y se dejó caer en medio del camino. ¡Doña Ana es él! Ella frenó bruscamente y encaró al hombre, que le señaló un amplio claro a su derecha. Si no hubiera ido tan despacio, lo habría atropellado.

Carcomida por los nervios, estacionó el jeep y ambos se bajaron después de dedicarse una larga mirada. El muchacho, que tenían enfrente no pasaba de los veinticinco años, vestía un pantalón verde, una camisa azul y un desvaído pañuelo rojo. Una canana adornaba el pecho del indio y del hombro izquierdo le colgaba un Galil.

—Vea ¡su identificación!

Ana la sacó e hizo el gesto de alcanzársela, pero el guerrillero se negó a recibirla. No, usted, no, sabemos que usted es la esposa de don Gustavo. Quiero la del hombre. ¡Apúrese! Cotejó la cédula del viejo con un arrugado papel que llevaba en la mano y se la devolvió.

—¡Usted de aquí no se mueve! —le ordenó a don Nicolás—. Y usted, señora, sígame.

Miró la inclinada loma que le indicaba su circunstancial guía y pensó en el vestido que se había puesto para disfrazar el temblor de sus piernas. ¿Tengo que subir por ahí? Sí, por ahí. Voy yo, doña Ana. ¡No, usted de aquí no se mueve! Otro ataque de tos la invadió, pero pudo decirle al bodeguero que no se preocupara, que ella era capaz.

El hombre comenzó el ascenso y ella detrás de él. La escarpada pendiente serpenteaba lo suficiente para poder caminar sin necesidad de aferrarse a los largos tallos que crecían desordenadamente a su alrededor. Seguía tosiendo y tosiendo y la neblina se apoderaba de sus tobillos y después de sus rodillas. Le faltaba el aire, así que cuando alcanzó el poste de una cerca, se apoyó en él y se detuvo.

—Yo no camino más. El que quiera hablar conmigo que baje hasta acá.

El indio se la quedó mirando desconcertado y le ordenó que se arrimara a uno de los bordes de un barranco que se abría bajo sus talones; por encima de sus hombros alcanzaba a ver a don Nicolás. El hombre siseó como una culebra y las ramas que tenía a sus lados se sacudieron ligeramente. Se sorprendió al ver a un guerrillero, fusil a la espalda, reptar por debajo de los alambres de púas de la cerca y ponerse en pie frente a ella.

—¿Cómo me le va señora? —le preguntó sacudiéndose el polvo de la guerrera.

Y silbó, provocando un nuevo movimiento de ramas. El hombre tenía menos de treinta años, era blanco, exhibía una perfecta dentadura en su sonrisa y vestía un uniforme de camuflaje. Sin embargo, Ana rehuía su mirada, sentía que el cuerpo entero le temblaba y no sabía cómo iniciar el diálogo. Él esperaba que ella comenzara preguntando.

—Usted me citó. Dígame ¿cómo supo mis dos nombres de pila y mis dos apellidos?
—Bueno, usted es la actual señora del libanés, perdón, de don Gustavo... —y se sobaba el cuello y la pistolera—Dígame a ver qué necesita saber...
—Necesito una prueba de supervivencia.

El guerrillero extrajo de uno de sus bolsillos superiores una cartera y se la entregó. Ella la tomó con delicadeza y la reconoció inmediatamente: era la billetera en la que Gustavo guardaba todos sus documentos, incluidos los papeles de algunos de los carros. Se alegró. ¡Dios mío, está vivo! ¡Está vivo!

—Bueno ¿para qué me citó?
—Antes tengo que decirle que, a partir de ahora, me llamará Carlos 14...
—Bueno, número catorce, entonces qué...
—Vea, el precio de la libertad del señor Aoún es de quinientos millones de pesos.
—¿Queeé? ¿Sabe usted lo que significa esa cifra?
—Sí, claro, ¿cómo no?

El hombre sacó una libreta de otro de los bolsillos de su pantalón y la abrió por la mitad. Ana pensaba en la cantidad que le pedían: la tenían, pero no podían hacerla efectiva.

—Mire, ustedes tienen una, dos, tres, cuatro, cinco, seis cuentas en el Banco Cafetero y una cuenta en Estados Unidos a su nombre y al del señor Aoún.
—No, hombre, no...
—A ver, dígame si no le suena este número: 909432-142...

Se quedó fría. No sólo sabían de la existencia de la cuenta de Miami, sino que, además, tenían hasta el número. ¿Cómo era posible? Y también tenían seis cuentas abiertas en el Banco Cafetero.

—... ¿y qué me dice de las 882 cabezas de ganado que tiene? Multiplique, multiplique...

Esa cifra tenía que habérsela facilitado alguien del almacén o algún allegado al grupito que se reunía en casa de Pacho, porque era exactamente el mismo número que ella había visto escrito en una nota bajo un pisapapeles en la oficina de Gustavo. Estaba horrorizada: lo sabían todo.

—¡Nooo, usted está equivocado!

—No, señora, no. Él es el dueño de la compañía Eternit.

—No, hombre, no. Él es un distribuidor más.

—Seguro... también tiene un almacén sobre la Paso Ancho con una puerta principal, dos a los lados y otra atrás. ¿Y qué me dice de los cuatro carros que tiene? ¿quiere que le diga de que marca son? Sume, señora, sume.

Estaba asombrada. Lo sabían absolutamente todo. No se equivocaba ni en un sólo detalle... Las cuentas ¿quién trabaja para ellos en el banco? Pero tenía que negarlo todo o estaría perdida.

—Me muero de la pena[xvii], señor: ¡pero usted está supremamente equivocado! Valore lo que está pidiendo, es una cifra descomunal.

—Pues eso es lo que hay...

—Le digo que así no nos vamos a poder entender... es posible que haya algún dinero, pero al estar él secuestrado todo pierde su valor; él tiene la única firma autorizada... Sabe que no nos vamos a poder entender, así que lo mejor que puede hacer es hablar con él y que él diga...

—¡Ah, pues de manera que con usted no se va a poder!

—¡Esa es otra cosa! Vine hoy porque tenía que cumplir con su compromiso y porque quería saber si mi marido estaba vivo,

---

[xvii] En Colombia, coloquialmente, sentirlo mucho.

pero no voy a volver. Mire, tengo el nombre de dos personas que estarían dispuestas a venir.

—¡Pero que no vaya a ser el tal Miguel, ese que parece su hijo!

—¿Y por qué no?

—Porque no. Nosotros sabemos por qué. ¿Y qué personas son esas?

Ana le extendió una hoja de papel escrita en letra de imprenta, en la que figuraban los nombres de Luis Salazar y Pacho Valdés, tal y como lo habían acordado los tres antes de partir de Cali, y cinco preguntas que habían elaborado a modo de prueba de supervivencia.

—Aquí tengo los nombres, para que le pregunte a Gustavo si está de acuerdo, porque no tengo quien más me ayude. Usted sabe que la gente opina pero que no le gusta venir, porque es muy grande la responsabilidad. Pienso que debería ser su sobrino pero...

—No, señora. Usted es la persona que nos sirve, don Gustavo nos ha dicho que usted coordina cosas, que usted...

—No, no siga, ya es suficiente. Sobre el dinero, le repito que no lo hay, a mí no me consta.

—¿Y qué hay de todo lo que le leí?

—Bueno, pero tenga en cuenta que ustedes tienen a la persona que es la dueña de todo, pregúntenle a él...

—Esto... esto se va a tornar como que muy difícil...

—Yo, señor, no puedo hacer nada más si me sigue hablando de esa cifra. Sinceramente, usted está loco.

—¿Loco yo? —y se rió—. No, yo no soy el loco.

—Hable con él, pero para la próxima entrevista quiero contestadas las preguntas que están en este papel y, cada vez que nosotros vengamos, nos tendrá que dar pruebas de que sigue con vida. Si no, no piense en ningún diálogo. Nos interesan las pruebas de supervivencia.

—¿Pa' qué?

—Para mí son vitales si quiere que lleguemos a algo.

—Pase para acá.

Y le arrancó bruscamente de las manos el papel que llevaba cinco minutos ofreciéndole. Leyó los nombres y la serie de preguntas y asintió. ¡Pues sí, sirve!

—Bueno, pero si seguimos hablando en base a la cantidad que me dijo antes, le cuento que estamos perdiendo el tiempo.

—No señora, qué va. ¿Qué me dice de las propiedades, de las seis haciendas que tiene...? De todas formas no se preocupe, que lo tenemos bien y su estado físico es extraordinario, nos ha sorprendido mucho.

—Yo sólo quiero pedirle una cosa. Señor, por favor, que reciba un buen trato, él es un buen hombre.

—Bueno, eso depende de él y de ustedes, la familia.

Parecía que el encuentro tocaba a su fin y Ana apretó contra su pecho la libreta que le arrebataran a Gustavo. El guerrillero le exigió que se la devolviera y ella se negó. Tengo órdenes de devolver el paquete a mis superiores. Ella le pidió las tarjetas de propiedad de los vehículos, que estaban en uno de los compartimentos y, finalmente, el hombre accedió. ¿Para qué le sirve a usted? ¡O me da la cartera o se queda sin nada!

—¡Ah! otra cosa, sin condiciones, señora. Las condiciones las ponemos nosotros.

—No, no, un momentico. Yo también tengo mis condiciones y le digo que carro blanco no tenemos y, el que ve allá abajo, nos ha costado encontrarlo. Ustedes buscan seguridad y yo también, la mía y la de mi marido, y si buscamos por todo Cali un jeep blanco la gente se termina imaginando para qué es.

—¡Ah no! El carro es el que uno dice y si no, pues lo buscan.

—Tenemos un jeep de color gris claro. Si le sirve me manda a decir y, si no, no hay carro.

—¡Ah, carajo! ¡Qué problema!

La neblina dominaba ya casi toda la loma y la temperatura había descendido; la noche se apoderaba de ese pedazo de selva. E, ignorando los refunfuños del hombre, le hizo saber que no pensaba regresar a oscuras a Cali. Le despidió con un ¡la próxima vez piense en una cifra más razonable, porque esa plata es imposible! ¡Y dígale a mi esposo que lo quiero mucho! Su interlocutor silbó y volvió a aparecer el mismo indio que la guió de subida.

—Yo la ayudo señora.

—No, no me coja que yo puedo sola.

Y, cuando había descendido una decena de metros y pensaba en el pobre don Nicolás, que llevaba esperando más de una hora junto al carro, el negociador la llamó desde arriba.

—Vea, señora. Yo tengo poder y le voy a hacer una rebaja extraordinaria... Admiro su valentía. Olvídese de los quinientos, ¡que sean trescientos!

Ana se volvió hacia él. ¿Es que usted no entiende? Es imposible, sea más razonable, piense en lo que me está pidiendo. ¡Pues es lo último! Bajó la cabeza buscando un argumento para obligarle a rebajar el monto del rescate pero, cuando levantó la vista, el guerrillero se había esfumado.

—¡Camine, señora! Baje. Usted vaya bajando. ¡Ah! por cierto, yo voy a seguir siendo el santo y seña —le dijo el guía.

Don Nicolás, que la esperaba ansioso, la abordó en cuanto subieron al vehículo, pero ella estaba más preocupada por maniobrar que por satisfacer la curiosidad del viejo. Además, no tenía la más mínima intención de comentarle nada; cuantas menos personas estuvieran al corriente de lo que se había hablado, tanto mejor.

—Doña Ana, cuando suelten a don Gustavo, le voy a decir que estoy admirado de que usted haya estado allá arriba para sostener ese diálogo. Pensé que le iba a dar la histeria y que se iba a poner a dar gritos.

—No, don Nicolás, mi buen Dios me ayudó. Se me hizo un nudo en el estómago, pero me contuve.

—Bueno ¿y qué me cuenta?

—Nada don Nicolás; espérese a que lleguemos donde los demás.

Dio la vuelta al jeep y se alejó a toda velocidad del lugar, pugnando por controlar sus nervios. A doscientos metros se cruzaron con otro todo terreno: era un jeep blanco. Los dos se miraron y Ana le preguntó al bodeguero si el carro también llevaba un trapo rojo atado a uno de los retrovisores. ¡Uy! no, doña Ana, pero seguro que esos son otros que vienen a lo mismo que nosotros.

De repente una camioneta azul les rebasó como una bala. Era el carro de Ana y, dentro de él, estaban Miguel y Raúl que, preocupados por la tardanza, habían decidido aventurarse en su busca. Se sintió aliviada y pegó el pie al acelerador, envolviendo a su sobrino en una densa nube de polvo. En diez minutos deshizo el camino que de ida le había tomado casi tres cuartos de hora. Todos estaban en el kilómetro treinta esperándoles.

Se tiró del auto y se abrazó a Pedro bañada en lágrimas. Había cumplido y volvía a su vida, a su hijo y a su familia. Pacho se adelantó a cualquier comentario y ordenó regresar a Cali, ya hablarían en la intimidad de su apartamento; allí parados no harían más que levantar sospechas. Raúl se llevó a don Nicolás de regreso a su pequeña bodega.

XIII

Mariano Restrepo se había cansado de esperar. Sabía que, por lo general, los familiares de los secuestrados les ocultaban todo lo que pensaran que podía facilitar la liberación de su ser querido. Si los legisladores no se hubieran opuesto a los pagos de rescates, la gente acudiría a las instituciones en busca de protección y tutela.

Escarbó en su archivo y extrajo el expediente de Iván García. Había sido su primera intervención en un caso de estas características, cuando trabajaba en el F-2 del DAS[xviii]. Dentro de la carpeta se encontraba la transcripción de un interrogatorio que se le había hecho a Dalia, una de sus hijas, dos años después del secuestro. Extendió las hojas sobre su mesa, se caló los anteojos y comenzó a leer.

"A mi papá lo secuestraron un domingo, el 29 de agosto de 1985. Todos juntos nos habíamos ido el sábado después de almorzar para las fincas; él a La Tigrera, que es en pura selva, y mis hermanos y algunos amigos nos fuimos a La Esmeralda. Mi papá solía ir todos los fines de semanas a la hacienda, para pagar a los mayordomos, para los quehaceres de allá y todo eso.

[xviii] Departamento Administrativo de Seguridad de Colombia.

Y, a eso de las cuatro de la tarde, cuando regresábamos todos para buscar a mi papá y volver a Palmira, en el cruce que separa los caminos hacia las dos fincas, nos paró una señora en el camino. Le dijimos que no teníamos sitio en el carro porque íbamos al completo, pero ella nos dijo que no nos había detenido por eso. ¿Es que no saben lo de su papá? No, ¿qué pasó? pues que lo secuestraron... ¿Cómo? Mi cuñado, que era el que manejaba, dio la vuelta en pura[xix] y nos fuimos hacia La Tigrera.

Y cuando llevábamos media hora de camino, vimos la camioneta de Isaac Tebas, que era vecino de la finca de mi papá. ¡Se los llevaron, se los llevaron!, nos dijo uno de los hijos de Isaac muy nervioso. Ahí fue cuando me enteré de que también se lo habían llevado a él. Le dijimos que nosotros nos íbamos a arrimar hasta la finca y él nos detuvo. ¿Para qué van a ir, si David ya se fue para allá? Se los llevaron, ya nada podemos hacer".

El capitán tomó la primera hoja del manuscrito y buscó el nombre que acababa de leer. David García, nacido en Bogotá el 15 de febrero de 1952, hijo de Mercedes y de Iván García... Era el hijo mayor del hombre. ¡Ahora lo recordaba! Un buen muchacho, pero cuya colaboración fue casi nula. Continuó leyendo.

"Entonces decidimos devolvernos a Palmira, porque nos imaginábamos que nuestra mamá debería estar destrozada por la noticia. Estábamos angustiados, porque uno siente algo horrible por dentro, y mi mamá efectivamente estaba totalmente descompuesta. Había mucha gente en la casa

---

[xix] A toda velocidad.

cuando llegamos y todos decidimos quedarnos a esperar a que David regresara y nos contara.

Vea oficial, esa es una situación muy especial, un momento de mucha unión, en el que cada uno expresa lo que siente para tranquilizarse y para llegar a los demás. Mucha gente se solidariza con uno, personas a las que habían secuestrado, porque sabían que mi papá podía o no volver con vida. Y allá estuvimos esperando hasta como eso de las siete de la tarde, que fue cuando apareció mi hermano.

Él nos contó que se supo que Isaac y mi papá habían sido secuestrados a eso del mediodía, cuando Sara Tebas, la esposa de él, llegó herida al hospital de Palmira. Parece que primero agarraron a mi papá y se fueron en su camioneta hasta la hacienda de Isaac y, cuando llegaron allá, lo agarraron a él, pero la mujer opuso resistencia y le lanzaron una ráfaga de metralleta. Así que el secuestro debió ser como a las once de la mañana.

Y, pues, como en todo secuestro, tendría que haber un pago. Y, mire, mi papá era un campesino y no un hombre rico; toda su vida la dedicó a cultivar la tierra, porque apenas había logrado terminar de estudiar la primaria. Es cierto que tenía dos haciendas bastante grandes, pero el dinero que tenía estaba invertido en las tierras y en ganado, no tenía liquidez. Yo pienso que él no era secuestrable, tenía solvencia económica pero no era un hombre acaudalado, como esos que andan con guardaespaldas y todo.

Sin embargo, el caso de Isaac era diferente. Él tenía mucha plata y conocía a mucha gente importante. Era un ganadero conocido en el país entero, con el que mi papá no mantenía una amistad formal; simplemente eran dos buenos vecinos, que se reunían a charlar de vez en cuando. Usted sabe, mi papá era un hombre de familia, de estar con nosotros en casa.

Desde ese mismo momento nos sentamos a esperar, porque no podíamos hacer otra cosa. Y entonces vino la gente de ustedes, el F-2 si no recuerdo mal. Un teniente nos dijo que cualquier información que tuviéramos tendríamos que facilitársela, porque él era el encargado de las investigaciones. Y, si usted lo recuerda oficial, el secuestro fue muy sonado, porque Isaac era un tipo importante. Nos pusieron un micrófono en el teléfono dizque[xx] para grabar las llamadas de los secuestradores y se marcharon.

Como usted me dijo que estoy aquí detenida... Sí, eso retenida ¿no es lo mismo acaso?... Bueno, pues le decía que como estoy aquí para contar la historia entera, le voy a decir también lo que nos pareció el trabajo que ustedes hicieron. La experiencia con su gente fue muy mala, mostraron un interés al principio, pero luego su actitud dejó mucho que desear. Y, además, nadie llamó nunca. ¡Ni que fueran tan pendejos los secuestradores!

Su gente fue muy inoperante, incapaz, incompetente y poco profesional. Su organización más bien nos puso en aprietos, porque si no pensaban hacer nada, podían habernos dejado en paz. Entonces no era un delito pagar los rescates de los secuestros, no como ahora, que el Gobierno se hace el pendejo y no interviene y los familiares van a la cárcel si les agarran pagando".

[xx] Expresión que viene a significar "dicen que".

XIV

Casi toda la mañana había estado solo. Los hombres en su turno de guardia no se habían preocupado de comprobar las ataduras de sus manos ni las cadenas de sus pies y, nueve de los guerrilleros que habían formado parte de su grupo, habían abandonado el campamento en dirección sur en las primeras horas del alba. Le alegraba no saberse vigilado, pero le preocupaba la marcha de sus captores.

Estaba abstraído pensando en ello, cuando Don Chepe y Carlitos vinieron a por él. Caminaron y al cabo de quince minutos alcanzaron una cañada por la que ya no pasaba el agua. Le ataron a la cepa de un árbol y se distanciaron una veintena de metros, donde se sentaron y comenzaron a compartir un cigarrillo.

¿Qué van a hacer conmigo? —preguntó Gustavo asustado—. Los hombres le miraron distraídamente y prosiguieron su animada charla entre columnas de humo. ¿Y los otros? ¿Dónde estaban los otros? ¿Estarían cavando su fosa? ¿Era eso? Las sienes le latían alborotadamente y la boca se le resecaba. Al vacío que le provocaba el hambre en el estómago se le juntó la opresión de ese nudo en la garganta que lo había acompañado durante su cautiverio.

Al cabo de una hora volvió a preguntar apremiante: ¿Me van a matar? Los hombres le miraron, se miraron entre sí y sonrieron. Lo sabía. Lo sabía, pero lo preguntó otra vez:

—Me van a matar ¿no es cierto...? Les pido que me lo digan, porque necesito una preparación...

El libanés tragó saliva. Necesitaba preparación... rezar un padrenuestro, despedirse con el corazón de su mujer, de sus dos sobrinos y de su hijo y, quizás, llorar por última vez. Y sentía un cierto alivio. Necesitaba que le dijeran que era cierto, que lo iban a fusilar; quería descansar, dejar de sufrir, acabar. Ya nada le importaba, nada más le preocupaba ya. Por fin iba a decir adiós a todo el sufrimiento.

Comenzó a rezar una plegaria mentalmente y Carlitos se le acercó. El guerrillero echó la mano a la pistolera y buscó su mirada. Tras un instante de vacilación desató a Gustavo y metió la cadena en su guambía, la mochila que solía llevar a cuestas. ¡Andando! ¡más rápido, carajo!, le gritó. Después de seis horas de caminata dieron con el grueso del grupo, que ya había levantado un nuevo campamento. Y, como de costumbre, ya habían elegido el árbol al que le atarían.

Al día siguiente no hubo marcha, ni al otro, ni al de más allá. Lo único que cambiaba, y para peor, era su estado físico. Las cuatro cucharadas de garbanzos y de arroz que le daban dos veces al día eran a todas luces insuficientes para mantener en guardia sus defensas. Cada vez el frío le podía con mayor facilidad. Su cuerpo tiritaba bajo la guerrera que le pusieran a la fuerza el día que lo capturaron, mientras ellos se cobijaban con ruanas y sombreros de paja estrechando firmemente una taza de café caliente entre las manos.

La mente le jugaba malas pasadas. Ignoraba el día de la semana en que se encontraba y desconocía por completo la hora que era; sus ojos ya no eran capaces de distinguir la posición del sol. Sintió un intenso dolor en el oído izquierdo e, instintivamente, giró la vista sobre su hombro para comprobar que un hilillo de sangre corría por él. Todavía sangra, pensó. De ese golpe sí que se acordaba.

Fue una de las tantas mañanas, cuando se disponían a partir en una de las innumerables marchas. Preguntó hacia dónde iban y cuánto tiempo caminarían y, con un par de groserías, le invitaron a que lo adivinara. Antes de salir, uno de los jefes de las FARC, que había llegado un par de días antes al campamento, se plantó frente a él. Llevaba puesta la característica capucha de fieltro hasta el pecho y, en contra de lo usual, le habló cuando el sol lanzaba sus primeros rayos:

—Si volteás a mirar atrás te molemos a palos. Tienes que caminar hacia adelante siempre. Mirá, marica, si mirás p'atrás te damos palo y te vendamos.

Cuando sobre el mediodía la columna hizo una parada de rigor, Gustavo echó un vistazo a sus espaldas con naturalidad e, inconscientemente, violó la orden que le dieran. Cuando se dio cuenta ya era demasiado tarde. ¡Venden a este hijueputa!, gritó el guerrillero. Le dieron dos vueltas a un trozo de tela en torno a su cabeza y la anudaron con fuerza atrás.

El libanés echó un pie adelante para buscar estabilidad y sintió un garrotazo en su oído izquierdo. Se desplomó inconsciente y, cuando un cuarto de hora después le dieron un par de cachetadas para reanimarlo, lo supo: le habían roto el oído. Se incorporó, tambaleándose en un mar de sangre, y, más que el dolor, sintió un hambre espantosa. Ellos degustaban una panela con café.

Desde entonces, y ya debería llevar varias semanas, le sangraba el oído. El dolor se había aplacado ligeramente con el paso del tiempo, pero le costaba cada vez más mantener el equilibrio. Era tan grande el dolor, que había momentos en los que pensaba si había habido algún momento en su vida en el que no lo hubiera sentido.

Se le vino entonces a la mente el día en que sus guerrilleros desplegaron lo que él, sarcásticamente, bautizó la Operación Bimbo[xxi]. Aquel día dejaron el campamento para trepar por una cordillera que ascendía por encima de los dos mil metros de altitud. A media mañana, cuando realizaron la tercera parada para que los más fatigados recuperaran el aliento, Fabio, que iba de avanzadilla, volvió corriendo muy agitado.

El grupo se acercó a la pendiente para observar a los bimbos. El pavo y su hembra comían el maíz que una viejecita regaba desordenadamente por el suelo donde la montaña terminaba y comenzaba la llanura. Una niña pequeña, probablemente su nieta, seguía los pasos de la anciana, que se encaminaba a la rústica casa de la finca. Por el aspecto de la hacienda, Gustavo determinó que desde hacía mucho tiempo ni se engordaba ganado ni se plantaba una sola semilla.

Don Chepe, el viejo instructor militar, separó a tres de los hombres y les dio instrucciones para que capturaran al pavo al precio que fuera preciso. Así pues, unos cuantos gritos y tiros después, sus comandos trajeron al feroz enemigo cosido a

---

[xxi] Operación Pavo.

balazos. En un instante lo desplumaron, lo cocinaron e hicieron una sopa con su pellejo y sus huesos.

El ruido de sus jugos gástricos le recordó que aún le quedaba estómago. Y el libanés se dispuso a esperar pacientemente a que le pasaran un tazón de ese caldo ¡justo lo que necesitaba! Esa hidratación a base de sales le iba a convertir en un hombre nuevo. Los guerrilleros devoraron la carne del pavo vorazmente y engulleron de un sorbo la sopa. Él se quedó esperando.

No le dieron absolutamente nada, ni tan siquiera los huesos para que los royera. Sintió como un ardiente calor se apoderaba de él. ¡Con lo que lo necesitaba! ¿Qué tipo de gente era esa? ¿Es que no conocían la caridad, la compasión? ¿Qué carajo querían? ¿matarlo lentamente de agotamiento, de hambre, de desesperación? Con la cara desencajada por la ira decidió dedicar sus energías a aplastar hormigas con el dedo índice. Una lágrima se le escapó y fue a dar contra la tierra, que la absorbió muy lentamente.

XV

Raúl echó hacia atrás el respaldar del asiento y golpeó con la palma de su mano el volante; sin duda alguna, se estaba desesperando. Ana suspiró y miró al asfalto de la desigual carretera con preocupación. Había pasado ya una hora y Pacho no daba señales de vida. Un vehículo pasó velozmente frente a ellos sin advertirlos entre la maleza y el sobrino de Gustavo se irguió.

—¡Dios mío! Raúl, ese era el carro amarillo.
—Sí, vieja, pero no te preocupés, no nos vieron.

Cuando Luis, Pacho y don Nicolás habían acudido a la segunda cita con los secuestradores, Raúl y Ana se habían dado cuenta de que los estaban siguiendo. Dos vehículos, un jeep amarillo y una camioneta azul, cargados hasta arriba de jóvenes vestidos de civil, habían aparecido sospechosamente de la nada. ¡Pongámonos las pilas[xxii]! se dijeron una vez en la ciudad, pero lo cierto es que aquí estaba uno de ellos. ¿Dónde estaría el otro?

—¡Ay, ojalá no pase nada!

[xxii] ¡Espabilémonos!

Los acontecimientos de los días anteriores la habían alterado sobremanera y temía por sus dos amigos. El día que llegaron a Cali tras la primera entrevista, Ana les relató lo más fidedignamente que pudo el diálogo que había sostenido con los guerrilleros. Y las peleas empezaron cuando mencionó la cifra que exigían.

—¿... y vos que dijiste?
—Dije que trescientos seguía siendo demasiado, que todo el dinero lo manejaba Gustavo, todo.
—Estás loca, olvidáte porque es imposible: eso es mucha plata.
—Mirá Miguel, tu tío me interesa como hombre y como padre de mi hijo. Yo no ando detrás de su dinero.

Su hermano Ricardo, de un gran corazón pero un genio terrible, trató de calmar la situación. Mirá, Miguel, mi hermana no va a regresar allá porque es la señora de tu tío y tiene que responder por su hijo, así que calmáte porque lo vas a solucionar tú solito si seguís por ese camino. Así que calmáte.

Todos se habían sorprendido de que los secuestradores conocieran al detalle las cuentas de Gustavo, y Ana había hecho notar que la cifra del número de reses que tenía en las fincas era exactamente la misma que la que viera escrita en la oficina de su marido. Tiene que ser alguien de dentro. Y el hecho de que mencionaran la cuenta de Estados Unidos redujo los sospechosos a uno: Joaquín, el auxiliar que trabajaba en el almacén principal y vivía ahí mismo, en el segundo piso. Los extractos bancarios llegaban precisamente allí.

A sabiendas de que los trescientos millones exigidos eran demasiado, se pusieron a trabajar en ello. Tenían ese dinero, pero inmovilizado, así que tenían que ingeniárselas para buscarlo de la forma que fuera. Tocaron la puerta de varios amigos de Gustavo, sondearon a los directivos de los bancos e, incluso, empezaron a hacer una lista de los autos y otra serie de bienes de los que podrían deshacerse porque eran de su propiedad.

Quince días después del primer contacto, llegó un casete al almacén. En él, les hacían saber que la base de la negociación era de trescientos millones de pesos, que aceptaban a Luis y a Pacho como intermediarios y les emplazaban para una nueva reunión pasados cinco días; después, una voz cavernosa y entrecortada, la voz de Gustavo, les ponía las lágrimas en los ojos. Al final del emotivo y medio borrado mensaje, él respondió las preguntas que le habían hecho llegar.

—¿Qué te pasa Ana? Estás llorando.

Raúl le dedicó una mirada confortadora, creyendo que la angustia por la tardanza de los tres hombres y la aparición del carro amarillo la estaban afectando más de lo normal. Él había estado presente cuando ella les había dicho que sufría de sólo saber que estaban arriesgando sus vidas y que debían dejar todo si se veían en peligro.

A la segunda entrevista acudieron Luis, Pacho y el viejo don Nicolás, tal y como estaba previsto. El mismo guía y el mismo negociador salieron a su encuentro en otro punto de la carretera que lleva al Chicayá y —como le confesara Luis— la magnífica dentadura que mostraba el indio no era más que una caja de dientes. ¿Cómo pensás sino que se ríe tanto el malparido?

La reunión se convirtió en un duro tira y afloja en el que don Nicolás puso la nota discordante, dado que su mente carecía de la agilidad que poseían sus acompañantes. Sus intervenciones fueron tan desacertadas como su empeño en que debía ser Ana la que regresara a negociar; finalmente, ambas partes decidieron que no volvería a acompañar a los dos negociadores.

—Vea, el hombre se les enfermó. ¿Cómo les parece que le ha dado algo en el estómago y no puede dar del cuerpo? El hombre se les va a morir...
—¿Y qué podemos hacer nosotros por él? —preguntó Pacho con preocupación.
—Bueno, pues soltar la plata rápido, porque está gravísimo.
—Mire, esa plata no la hay. Vamos a ver si el banco puede ayudar a esta pobre señora, así que le vamos a traer un papel para que Gustavo lo firme, porque el banco quiere tener constancia de que vive. ¡A ver si les puede dar algo de dinero!

Pacho, que era abogado, desplegó todo su poder de convicción para explicarle al guerrillero que, cuando todos los bienes, aunque sean gananciales, figuran a nombre de una persona, a menos que ésta lo autorice expresamente, el cónyuge no puede disponer de ellos. Si él no firma ese papel, esa constancia, no hay nada qué hacer.

—Bueno, pues tráigame ese papel y se lo hacemos firmar. Pero el hombre está muy malo, está malísimo; además, no se presta a diálogo y jode mucho.
—Aquí tengo el papel.

El negociador se sorprendió y tomo el documento de las manos de Pacho. ¡Que lo lea y firme! ¿Para cuándo lo tendrán listo?, preguntó Luis. Y el guerrillero hizo un rápido cálculo en voz baja de horas y días. Pasáte vos en cuatro días por acá y te lo entrego, pero traéte al viejo de la bodega. ¡Y acordáte de decirle a la doña que don Gustavo está grave!

—¡Ahí van! ¡Vamos a por ellos!

Raúl dio un brinco y puso el motor en marcha. Pacho había pasado tan rápido que tampoco los había visto. Ana se puso el cinturón de seguridad y el muchacho pisó a fondo el acelerador; el jeep saltó a la carretera y se lanzó a la persecución del otro carro. Y, una vez se situaron tras él, hicieron un cambio de luces y los dos vehículos se detuvieron; Ana se fue con Pacho y don Nicolás con Raúl, que era el encargado de devolverlo a su casa.

Pacho entregó a Ana el pagaré firmado por Gustavo para que, en caso de que los detuviera la Policía, no terminaran todos metidos en un buen lío. Llovía a cántaros y la selva se estremecía con cada trueno que retumbaba, pero ellos dos conversaban sobre lo que el guerrillero de la caja de dientes les había dicho antes de entregarles el papel. Raúl, que había arrancado antes, se había perdido en la distancia.

Anita, escondé eso, le dijo con amabilidad Pacho, que tenía un ojo en la carretera y el otro en el retrovisor. Ana se dio la vuelta y pudo ver como una camioneta azul les perseguía a toda velocidad: eran ellos. ¡Hacéme el favor y guardáte eso! Ana levantó su blusa e introdujo el papel entre su falda y su cuerpo. El carro les alcanzó y, en una espectacular maniobra, se cruzó en medio de la carretera.

Una docena de hombres armados con metralletas se lanzaron al suelo y rodearon el jeep.

Ni te movás, ni te bajés, le susurro Pacho, mientras bajaba con calma la ventanilla. ¿Y esto a qué se debe? Esto es un atropello ¿quiénes son ustedes? preguntó molesto al hombre que franqueaba su puerta.

—Este es un operativo del Ejército y el DAS. Y ustedes están detenidos porque vienen de una entrevista.
—¿Qué queeé? No, hombre, no.
—Vienen de negociar y nosotros tenemos que agarrar a esos hijueputas. ¡Bájense!
—No, mijo, de eso nada. Llame a su capitán.
—¡Bájese, le digo!

Un hombre de mediana edad, con un chaleco antibalas colgando del pecho se les acercó. Soy el capitán Mariano Restrepo ¿Cuál es el problema? ¿Qué no escucharon al teniente?

—Mi capitán, salgamos de la carretera, aquí nos ve todo el mundo.
—¿Y qué?
—Mire, venimos de una entrevista, sí. Pero no nos salió nadie y, si nos ven con ustedes, nos crean un problema... ¡Hagámonos un poco más allá! No nos vamos a escapar, les seguimos.

El hombre se lo pensó un minuto y accedió. ¡Todos al carro! Y, tras contradecirse, ordenó a Pacho que marchara por delante de la camioneta azul. Acababa de llegar el jeep amarillo. ¡Metéte ese documento donde podás, porque si nos agarran con ese papel nos vamos derechito a la cárcel! Tranquilo, tranquilo, que ya lo hice.

Los tres automóviles se detuvieron en un pequeño cruce y Pacho se alejó unos metros con el militar. Vea capitán, acá tengo el teléfono del general Augusto Del Pino, que nos está asesorando. ¿Por qué no lo llama y le consulta? A una señal suya, un sargento trotó hacia él con un radioteléfono a la espalda. Marcó el número y preguntó por el general, con tan mala fortuna que no estaba en ese momento.

Mientras tanto, sus hombres revisaban los bajos del jeep y habían ordenado a Ana que tuviera la puerta abierta. Capitán, esa mujer está al borde del infarto; mire que blanca está y cómo tiembla. Además de tener a su esposo secuestrado, tiene al niño en la clínica. Revisen el carro por fuera, pero no la hagan bajar, por Dios. Ya es suficiente.

—¡Muchachos, nos vamos! —gritó Restrepo a sus hombres—. Y, ustedes, váyanse. El número era el del general, así que ya lo llamaré después... y más le vale que no sea pura mamadera de gallo[xxiii].
—No, hombre. Yo también voy a llamar al general Del Pino para contarle. Gracias capitán.

Los policías abandonaron la carretera y tomaron un pedregoso camino doscientos metros más adelante. Pacho y Ana continuaron su camino hacia la ciudad, escoltados por Raúl, que les había estado esperando en el kilómetro dieciocho. No te preocupés Anita, que ahora el general les manda a estarse quietos, porque estamos haciendo las cosas como debemos. Ella forzó una sonrisa. No estaba pensando en eso.

Ya en Cali, todos se sentaron a la mesa de madera del comedor del apartamento de Pacho y Ana aprovechó la reunión para

---

[xxiii] Tomadura de pelo.

sacarse la espina que se le había clavado cuando los interceptaron. Habían hecho un voto colectivo de silencio y alguien había hablado más de la cuenta, el encuentro con la Policía no había sido casual. Luis y Pacho aseguraron que de sus bocas no había salido una sola palabra; Raúl y sus hermanos no supieron de la entrevista hasta el momento en que se realizó y Miguel...

—Seamos sinceros, por favor. Miguel, te voy a hacer una pregunta y quiero que me digás la verdad. ¿Vos qué tanto le contás a tu mamá?

—¿A mí mamá? Pues todo.

—¡Dios mío! No, Miguel, perdonáme, pero las cosas no son así...

XVI

"... y eso no es todo, oficial. Además de incompetentes, no mostraron lo crueles que podían llegar a ser. Poco antes de que los secuestradores hicieran el primer contacto con nosotros, el teniente que llevaba el caso —¿no se llamaba Barbosa, o algo así? —, llamó a mi hermano David, porque decían que habían agarrado a uno de los guerrilleros que tenían a mi papá.

David fue a unas dependencias que ustedes tenían a las afueras de Palmira y allá le mostraron a cara descubierta al tipo. Así mismo, cara a cara, no se preocuparon ni siquiera en hacer una identificación como Dios manda, con algo de protección para la persona que tiene que reconocer al delincuente... que era un campesino. Y lo que vio no le gustó ni cinco.

Por lo que nos contó mi hermano, al campesino lo habían agarrado con unas cartas boleteando[xxiv]; andaba de chantajista al parecer. Y lo torturaron en frente de él; le hicieron horrores, le metieron un palo por la boca y luego por ahí. ¿Qué? ¿qué por dónde? pues por ahí, oficial, por el culo... Sí, le metieron una torturada la macha delante de él, debía ser para demostrar lo animales y brutos que eran, porque al muchacho lo tuvieron que soltar a los pocos días por falta de pruebas, parece que no

---

[xxiv] Chantajeando, extorsionando.

tenía nada que ver, que era un chantajista que sólo quería sacarse algo de plata".

El capitán meneó dos veces la cabeza malhumorado y se quitó los anteojos para limpiarlos con un pañito. Sorbió el café que reposaba sobre su mesa y se le agrió más el humor; como de costumbre, lo había dejado enfriar. ¿Quién carajo va a confiar en nosotros? Los hechos impresos en las líneas que acababa de leer llevaban el sello personal e indiscutible de teniente Barbosa ¡Ese animal! Dejó la taza sobre el platito y se volvió a sumergir en el documento.

"El mayor peso lo llevamos David, que entonces tenía como treinta y dos años y yo, que tenía veinticinco. Todos estábamos pensando en cómo íbamos a reunir la cantidad que nos pidieran y en cuándo se iba a producir el contacto. Y, el día que menos nos lo esperábamos, al cumplirse dos meses del secuestro, nos llamó el señor de la bodega a la que mi papá acostumbraba a enviar a uno de sus trabajadores a comprar los víveres y todo eso.

Según nos contó el hombre, él estaba despachando a mucha gente, y llegó un tipo y le dijo que le entregara esta remesa para el señor Iván García. El bodeguero le dijo que sí, que se esperara un momentico y se metió la lista en el bolsillo de la camisa para atenderlo en cuanto se desocupara. Cuando finalmente lo hizo, dice que le tembló hasta el pelo al leer el encabezamiento. Buscó al que le había entregado el papel, pero ya se había desaparecido; nos llamó y se vino a la casa a traérnoslo.

El comunicado era una citación de los secuestradores, que se identificaban como miembros de las FARC. Ahí decían que tenían en su poder a Iván García y a Isaac Tebas y habían pintado un croquis para llegar el lugar de la reunión, al que debían ir un representante de mi papá y otro de Isaac, aunque decían que podían llevar un chofer. Debían ir en un campero[xxv] y no podían ir armados. Me acuerdo perfectamente, porque ese fue el mismo día en que me gradué de la universidad.

¡Ah, se me olvidaba! Antes de eso, mi hermano y yo nos fuimos a Corinto, donde algunos representantes del Gobierno de Betancourt iban a celebrar una reunión con gente del M-19, para evaluar el desarrollo de los acuerdos de pacificación. Aunque esa gente ya se había desarmado, nosotros pensamos que ellos podían tener a mi papá o tener relaciones con el grupo que lo secuestró, porque lo que sí sabíamos era que los tipos eran guerrilleros.

Estábamos tan desesperados, que decidimos irnos para allá a ver qué conseguíamos aprovechando la coyuntura. Corinto estaba lleno de gente y muchos de los guerrilleros incluso estaban armados y, preguntando, llegamos hasta Ospina, que usted sabe que entonces era la cabeza pensante del M-19. Recuerdo que era un hombre que no tenía cuarenta años todavía, de tez morena, de un metro setenta de altura, corpulento, y que se expresaba muy bien.

Nos sentamos en un banquito de la plaza pública y le dijimos que éramos los hijos de García y que queríamos saber quién lo tenía. Él nos dijo que nos podía asegurar que ellos, como organización, no lo tenían. Nosotros hemos tenido gente e, incluso, la hemos ejecutado, pero estamos con los colombianos y a un trabajador honesto nunca le haríamos nada. Pero vamos a hablar con las FARC, porque mantenemos contacto con ellos

---

[xxv] Jeep.

y bueno, vamos a hacer lo posible por transmitirles su petición, nos dijo el tipo.

Entonces yo estaba más preocupada porque me dieran una luz de esperanza que en pensar lo que sentía por Ospina, que también nos dijo que por el área de Sevilla, donde estaba La Tigrera, operaba un frente de las FARC, y hasta nos dio el nombre del tipo que lo comandaba. Y la verdad es que le creímos; su poder de convicción era grande, hasta el punto de que David me preguntó después en broma que si no quería irme de guerrillera.

Era un buen comunicador. Y, aunque la entrevista no duró más de diez minutos, recuerdo muy bien su pelo liso y negro, de indio, sus bruscas facciones, la cachucha y el uniforme de camuflaje que vestía con unas botas de cuero altas, que le llegaban hasta las rodillas. Luego, si no estoy mal, lo mataron en un allanamiento ¿no es cierto?"

Sí, sí era cierto. Iván Marino Ospina, uno de los máximos jefes del M-19, que había muerto en un allanamiento que realizara el Ejército en Cali en 1986. Probablemente, quien interrogaba a Dalia García lo ignoraba, pero el capitán Restrepo había participado en el operativo y, quizás por ello, no pudo reprimir una sonrisa de satisfacción.

XVII

—... Estados Unidos es quien ha hecho de América Latina el basurero que es, en el que tenemos que escarbar para sobrevivir. Han sido los gringos los que siempre nos han exprimido, los que hunden los precios del café, los que...

—Yo no pienso eso —le interrumpió Gustavo—. Vendemos nuestro café a Estados Unidos porque ellos nos lo pagan veinte centavos de dólar más caro que los alemanes. Si decidiéramos no vender a los gringos, nos tendríamos que conformar con ser los segundos proveedores de Alemania después de los africanos.

El guerrillero, molesto por la interrupción, prosiguió con su monólogo. Alberto debía ser peruano, pensaba el libanés, que desde que visitara Lima se quedó con el acento y el timbre que le imprimen los descendientes de los incas a las palabras cuando hablan. Probablemente es de la costa. El hombre, erigido en comisario político, llevaba veinte minutos descargando con potencia sus dogmáticos obuses del marxismo-leninismo contra la frágil figura del capitalismo que él representaba en ese momento. Trataba de convencerle de que todos los males del Universo tenían como principio y fin a los Estados Unidos de América.

A él no le agradaba en absoluto dialogar con su secuestrador, pero no tenía más remedio. Si se hubiera negado a contestar sus preguntas hubieran acabado con él; además, cualquier motivo era válido para alejar de la cabeza los temores y las angustias, para despejar aunque sólo fuera por un rato la cabeza.

El peruano continuaba hablando y hablando, malgastando su saliva en unas peroratas demagógicas que a nadie interesaban, cuando apareció un tercer hombre, éste encapuchado. Gustavo sabía que era sábado y que Alberto no formaba parte de su escolta habitual. Ahí viene uno de esos hijueputas jefes, se dijo. Y, como otros varios sábados por la noche, acertó.

El recién llegado se plantó frente a él y le extendió tres hojas de un grueso papel en blanco y un bolígrafo barato. El peruano le desató las manos.

—Firmálos.
—Yo no firmo papeles en blanco —replicó.
—No me jodás, majito[xxvi] !Firmálos!

El libanés volvió a negarse, esta vez con la cabeza. El hombre sacó su pistola del cinto y le enterró el cañón de la 45 mm. en el oído lastimado. Gustavo lanzó un grito ahogado: el arma le había desgarrado el oído externo y estaba sangrando nuevamente.

—¡Firmá!
—¡No firmo!
—Si no firmás hijueputa, te mato de una —gritó echando el gatillo hacia atrás.

[xxvi] Forma de referirse coloquialmente a los libaneses en Colombia.

El guerrillero contrastó las tres firmas con la que aparecía en su cédula de identidad y sonrió satisfecho. Gustavo se quedó allí sentado sobándose la muñeca, adolorida por la falta de movimiento; sin embargo, no le había costado plasmar su rúbrica en los papeles, puesto que desde hacía años se había acostumbrado a trazar su firma sin apoyar la parte anterior de la palma. Estaba tan confundido, que no se le ocurrió pensar en la utilidad que tendría lo que acababa de realizar.

Sentía muchísimo dolor. Se echó las manos a la cabeza y empujó sus sucios y desordenados cabellos hacia atrás con cuidado. Habían pasado casi dos meses desde aquella infame noche, pero hasta esta tarde no había advertido el calibre del error que había cometido. Gustavito, el jueves vendimos tu casa, le dijo el encapuchado. ¿Cómo?

—Fácil, malparido. A los papeles que nos firmaste en blanco nuestros abogados les agregaron un contrato. Malvendimos tu casa, pero la vendimos, hijueputa.

Consternado, el libanés preguntó por sus carros. El jefe guerrillero le respondió que uno de ellos se lo había quedado la guerrilla y que los otros tres se habían vendido en Cali, Bogotá y Caquetá. Casi balbuceando preguntó por la suerte que habían corrido su mujer y su hijo pequeño. Ellos están en un barrio de Popayán, donde tu suegra, Gustavito. Todo encajaba, era cierto. Lo habían hecho, habían vendido su casa y sus carros y habían echado a la calle a su familia.

Era el fin. Según sus cálculos, llevaba tres meses secuestrado y tenía conocimiento de que se estaba negociando, pero ya no le quedaba ningún lugar adonde volver. La casa que había hecho construir era la materialización de un sueño largamente esperado: la pista de tenis, la piscina, el gimnasio, el garaje...

Tantos años de sacrificio para luego regalárselo a unos hijueputas como esos.

Desmoralizado y abatido, pensó en su pequeño hijo de tan sólo dos años y en su querida esposa: su silencioso soporte en los malos momentos del pasado. No quería resignarse a pensar que era verdad lo que le estaba sucediendo, pero la suma de horas, días, semanas y meses habían acabado con él. Con lo que siempre le había costado llorar, se sentía incapaz ahora de detener la lluvia de lágrimas que brotaba de sus ojos.

—¡Hay que ver! Con lo poco que te importó toda tu vida joder a los pobres y ahora llorás como un marica... ¡Calláte! ¡Calláte ya!

Gustavo continuaba llorando, con la mirada perdida en el horizonte y ajeno por completo a los gritos del jefe guerrillero, que se desgañitaba insultándole y vociferando cada vez más fuerte.

—¡Calláte, calláte! Si no te callás te juro que en tu malparida vida vas a ver a tu familia... Ahora quiero que me des nombres de ricachones amigos tuyos de Cali y Popayán.

El hombre abrió una agenda en la que estaban listadas dos decenas de nombres que no alcanzaba a distinguir. Gustavo moqueó y, al principio con inseguridad y luego con mayor firmeza, dio cinco nombres con sus respectivas ocupaciones. Todos los datos eran falsos, porque negarse hubiera sido una tontería; ellos le hubieran sacado a golpes los nombres de todas formas. Sabía que esa libreta contenía la espada de Damocles que pendía sobre las cabezas de los próximos a secuestrar.

El jefe guerrillero se quitó la capucha en cuanto dio la espalda al libanés. La satisfacción que irradiaba de su cara le traicionó, porque el peruano le detuvo cuando se disponía a marcharse con el pretexto de una consulta. Gustavo observó bien esos rasgos: el pelo, la frente, los ojos, los pómulos y la barba. Era él. No sabía su nombre, pero lo había visto en los periódicos y, si su descontrolada memoria no le traicionaba, se trataba de uno de los dirigentes de la Coordinadora General Simón Bolívar: era uno de los jefes supremos de las FARC.

Durante su cautiverio había conocido otros varios altos mandos de la guerrilla, pero este tipo era muy, muy especial.

Haló los dos metros de cadena que lo distanciaban del árbol y se acomodó sobre los palos de chonta[xxvii] que le hacían las veces de cama, sabedor —por el deterioro que presentaban— de que él no había sido el primero en dormir sobre ellos, ni en estar encadenado a la frondosa ceiba.

[xxvii] Planta parecida al palmito.

XVIII

—¿Así que le contás todo a tu mamá? ¿Y por qué? ¿Quién le dio velas en este entierro?

—Pues... ella también está en esto ¿no?

—¡No! Y, si querés, te paso una prueba de lo mucho que tu mamá quiere a tu tío; ella odia a Gustavo. Miguel, ¡lo odia!

Ana estaba pensando en el fajo de papeles que se encontró metido en un sobre en uno de los cajones de la oficina de su marido. La mayoría de los documentos eran declaraciones juradas de Alicia, la madre de Miguel y de Sandra, en las que aseguraba que Gustavo había estado relacionado con el narcotráfico y que jamás se había preocupado debidamente de sus sobrinos.

Había hurgado en el sobre escondida en el baño de la oficina del almacén principal de la cementera y, con horror, había leído y releído cosas espantosas de un hombre que había sido conocido precisamente por lo contrario, por su rectitud y su honestidad. Y es que cuando Gustavo decidió incorporar a sus sobrinos en su testamento a la muerte de su hermano, no sabía dónde se metía.

Alicia, que hoy la había citado en el puesto de policía en el que se encontraba aguardando a que la llamaran, quería desacreditarlo para quedarse con su dinero. Probablemente, la intranquilidad de que era presa su marido los días anteriores al secuestro tenía su origen en ese montón de mentiras. En su intento por darle la mejor de las vidas a sus sobrinos, había caído en la telaraña que su cuñada burdamente había tejido.

—Vé, Miguel, yo tengo un documento —que no te puedo mostrar porque es de tu tío— en el que podrías ver la calidad de mamá que tenés.
—Ana, vos tenés que saber que ella es mi madre y que...
—Si tanto la querés, andáte con ella. Mirá Miguel, tu tío odia a tu mamá, pero no lo demuestra porque están ustedes dos de por medio. Y te digo una cosa más: si vos vas a seguir contándole a tu mamá, salís de plano; salís ya.
—No, Ana, es que vos...
—No, nada. Hacemos una escritura, te hacés cargo de todo lo de tu tío y negociás. Pero en ocho días te vas de esta casa, que es mi casa, y yo me quedo con mi hijo, sentada, esperando a ver qué hacés. ¿Es que no te das cuenta? A tu mamá lo único que le interesa es hacerse la víctima y, por su culpa, nos pueden echar mano negociando. Tu mamá está loca.

Todos se quedaron callados, sorprendidos por las reacciones del muchacho y la ira que destilaba de los ojos y de las palabras que brotaban de la boca de Ana. Miguel dijo que no volvería a suceder y, con la cara desencajada, se levantó de la mesa para llamar por teléfono a su madre. Nadie era capaz de ocultar la decepción que les embargaba; todos esperaban más de él.

Por la puerta entreabierta se filtraba la acalorada discusión que mantenían madre e hijo y Pacho se rebotó:

—Yo me ofrecí voluntariamente a negociar, pero tengo una familia y me niego a que un niño malcriado me ponga en peligro. La próxima entrevista él manejará el carro. Los demás asintieron y, cuando Miguel se sentó nuevamente, Pacho le soltó la frase que pondría fin a la reunión de aquel día:

—Cuando yo vuelva al monte, vos venís conmigo.

El viejo abogado pudo constatar esa misma noche que la persona que había denunciado que se iba a realizar una entrevista con guerrilleros para negociar un rescate, no había sido otra que Alicia. La descripción de la mujer no dejaba lugar a dudas y, además, era la única que tenía la osadía de presentarse como la esposa de Gustavo Aoún.

—Ya pueden pasar —les dijo un cabo.

Pacho atajó a Ana por el brazo y le recordó que debía mostrar indiferencia. Gracias a él había podido saber de antemano quien era la denunciante, porque cuando don Francisco se le había acercado en el almacén y le había entregado la citación que había traído la policía, ella se había extrañado profundamente. Al fin y al cabo, no le debía nada a nadie.

También le había advertido de que era posible que Alicia estuviera presente. Si nos la encontramos allá, vos te sentás y la ignorás, Anita. Y ella no podía creer que fuera a conocer personalmente a la mujer que más odiaba su marido en ese lugar y en las presentes circunstancias. Afortunadamente no estaba, y eso la tranquilizó un poco.

Un teniente les recibió y les invitó a sentarse frente a él antes de comenzar a leer las interminables seis páginas mecanografiadas por ambas caras que constituían el pliego de acusaciones. Alicia, que se había vuelto a identificar como la esposa de Gustavo, acusaba a Ana de aprovechar la ausencia del libanés para adueñarse de todas sus posesiones y dejar a los "nenes" sin nada.

Según la demandante, la vida que les estaba dando a los "nenes" era poco menos que infame, porque hasta hambre les hacía pasar, y ella no era en definitiva más que la querida, que se creía que por haber concebido un hijo suyo tenía derecho a hacer y deshacer. Cuando el oficial leyó los párrafos en los que se hacía alusión a Gustavito, Ana hizo un ademán de levantarse y refutar las acusaciones, porque ya habían rebasado el límite de su paciencia.

Pacho la pisó y con un gesto le dijo que se tranquilizara y que permaneciera en silencio, pero ella quería detener al teniente, que continuaba leyendo como una máquina, y obligarle a romper el documento, que no era más que una sarta de mentiras. Cualquiera que estuviera escuchando no dudaría en pensar que ella se había colado en casa de Gustavo con un niño bajo el brazo. El hombre bajó los brazos y la miró fijamente.

—Ahora señora, tomaremos su declaración.

Ana se quedó muda. La indignación y la repugnancia que le habían causado las acusaciones y, por otra parte, la recomendación que le habían hecho de mantener la boca cerrada le impedían articular una sola palabra. Dijo lo primero que se le vino a la mente.

—Esa mujer no es la esposa de Gustavo Aoún. No la conozco y no sé por qué ha venido aquí a hacer estas declaraciones.
—Bueno, señora, ella vino acá y puso sus bases...
—Dígame teniente —le interrumpió Pacho—: ¿sabe usted a qué viene todo esto?
—Pues, no, la verdad es que no. Si usted es tan amable de explicármelo...

—Lo que pasa es que el señor Aoún está secuestrado y la señora que está sentada frente a usted es su esposa legítima, y le podemos traer los documentos que lo certifican. La demandante es la viuda del hermano mayor de Gustavo Aoún y, como a la muerte de su marido dijo que no quería ni podía hacerse cargo de sus hijos, el libanés los acogió como si fueran sus propios hijos. Esta señora sólo persigue la plata.

—¿Cómo así?

—Vea, teniente, ya que entramos en la onda dígame una cosita: ¿qué edad le pone usted al "nene" del que habla la demandante?

—Pues, según las declaraciones que están en el pliego, debe tener unos nueve o diez años.

—¿Diez años? Le voy a decir cuántos años tiene y, si quiere, lo hago venir hasta acá. Añádale veinte años; el "nene" tiene treinta años. Es un hombre hecho y derecho. ¿Piensa usted que un hombre de treinta años va a aceptar todo lo que ha dicho su madre?

—No... claro, que no. Tendría que ser tarado...

—Efectivamente. Si quiere se lo mando a llamar, pero le adelanto que este hombre vive en casa de doña Ana y en las mejores relaciones.

—No, no, lo siento mucho, yo no sabía... Señora ¿tiene usted algo que añadir en su descargo, perdón, en contra de las acusaciones?

—No, teniente, no tengo nada que decir. Simplemente quiero aclararle que esta mujer está haciendo todo esto a espaldas de mi esposo y aprovechando la difícil situación por la que atravesamos.

—Perdóneme, señora, ¡qué pena[xxviii]! Nosotros dimos curso a la demanda de esta señora sin saber nada. Le prometo que no volverá a molestarla.

[xxviii] Coloquialmente, expresión que significa lo siento.

Antes de abandonar la fría estancia, Ana le mostró al oficial una foto en la que aparecían Miguel y Sandra. El teniente cerró el caso entre disculpas y prometió pasar una circular al resto de las inspecciones de policía de Cali alertándolas contra nuevas acusaciones.

Dejaron atrás la comisaría y se acercaron al hospital, donde Luis se reponía de un amago de infarto. La presión a la que había estado sometido desde el secuestro de Gustavo le había alterado demasiado, y el corazón terminó por fallarle. Estuvieron alrededor de una hora en su habitación, evadiendo sus preguntas y haciendo lo posible por tranquilizarle. Y regresaron a la oficina.

—No te vas a meter ahora con Miguel ¿no?
—¿Qué no? Yo no me quedo callada mijito. Ya verás.

Pese a la oposición de Pacho, envió a su secretaria a hacer un par de fotocopias de la citación que recibiera de manos de don Francisco y, por megafonía, llamó al sobrino de Gustavo. Las copias ya estaban en su mesa cuando Miguel traspasó la puerta; Ana tomó una y se la entregó.

—Mirá, Miguel, decíle a tu mamá que, para este tipo de invitaciones que ella hace, que se busque gente de su ralea y que tenga cola, que conmigo no se meta porque no soy la imbécil ni la estúpida que ella se cree...
—Pero, Ana, ¿qué te pasa?
—La mamá de usted está loca. Vaya y dígale que yo soy una fiera, que le saco los ojos a quien me ataque y que me la llevo por delante como se le ocurra poner un pie aquí.

Pacho medió en la discusión y, media hora después, ambos se apaciguaron. Parecía que, definitivamente, Ana y Miguel habían solucionado sus diferencias y habían llegado a un principio de acuerdo. Alicia no volvería a aparecer ni a ser mencionada y el muchacho se involucraría totalmente en la toma de decisiones para liberar a su tío.

El viejo se llevó a Miguel a tomar un tinto y Ana se quedó sola y agotada. Cerró la puerta, puso los pies sobre la mesa y se recostó en el respaldar del mullido sofá. En ocasiones, el sobrino de Gustavo complicaba la situación, pero lo cierto es que él deseaba tanto como ninguno que su tío regresara y, a su manera, le había prestado su apoyo. La tensión forzaba estas discusiones, pero eran inevitables, porque los problemas había que afrontarlos desde el primer momento.

Suspiró profundamente y se acordó de Ernesto y de Joaquín. ¿Habría acertado al despacharlos? El primero de ellos, no mejoró en nada su actitud en los días que siguieron al secuestro; intentó tomarse ciertas atribuciones que no le correspondían y fue abandonando sus obligaciones, en lo que no tardó en imitarle su esposa. Pero lo que terminó por colmar el vaso de su paciencia fueron sus llegadas pasada la medianoche.

Ana puso a Miguel al corriente de lo que estaba sucediendo y le dio un ultimátum a uno de los hombres en que mayor confianza había depositado Gustavo. Una plancha de hojas secas cubría las escaleras que llevaban a la pista de tenis, el cloro para la piscina terminaba sobre el césped, los fines de semana desaparecía con su familia y en el almacén se le veía muy de vez en cuando.

Y, como el hombre había decidido desoír las advertencias, un buen día se encontró con sus cosas en la puerta de la calle y las cerraduras de la casa cambiadas. Resultaba muy triste tener que salir de alguien a quien se había apreciado durante quince años, pero en el momento en que tenía que demostrar su valía, había optado por jugar a su conveniencia. Ernesto, usted no me conoce, ándese con ojo porque se va, le había dicho en repetidas ocasiones, hasta que Miguel estuvo de acuerdo en que había que salir de él.

En cuanto a Joaquín, el auxiliar que tenía Gustavo en el almacén, desde el día en que Ana regresara de la primera entrevista con los secuestradores con la convicción de que alguien había filtrado información desde dentro, se le estuvo vigilando. El hecho de que el número de cabezas de ganado que había en las haciendas coincidiera con la cifra que su marido había dejado apuntada sobre su mesa y el conocimiento del número de la cuenta de Estados Unidos lo ratificaban.

Miguel se convirtió en la sombra de Joaquín en el almacén, porque era la única persona que tenía acceso a toda la información que procesaban los contables y que no contaba con la confianza de nadie, y, cuando cometió el primer error, se le liquidó. ¿Recelo? Quizás, pero ella lo llamaba corazonada y pensaba que no se había equivocado en absoluto. Tomó el teléfono y marcó el número de la casa de su hermano.

XIX

El general Del Pino había sido tajante: ¡Déjenlos en paz! No había nada que hacer entonces, pero el capitán Restrepo no se resignaba. No deseaba encerrar a los amigos y familiares del libanés, porque comprendía que el interés que los movía no era otro que el de liberarlo al precio que fuera necesario pero, por otra parte, seguía pensando que había algo que estaba al alcance de sus manos. Creía que podía dar con los secuestradores antes de que se hiciera la entrega del rescate.

La tarea no le iba a resultar fácil, porque un superior ya lo había puesto sobre aviso en la materia y porque no contaba con los medios materiales para peinar una extensión tan grande como la que debería cubrir para dar con el paradero de Aoún. Sin embargo, decidió hacer caso a su intuición y, para ello, nada mejor que memorizar cada detalle del caso García.

"Como le iba diciendo, aunque el croquis que estaba dibujado en el comunicado de los secuestradores era muy detallado, no supimos descifrarlo, así que llamamos a Pepe Barreiro, un español que le compraba ganado a mi papá y que se conocía muy bien la zona rural de Palmira, en general toda la Cordillera Central. Además, después mi papá lo recomendaría para que ayudara en las negociaciones, porque conocía muy bien sus negocios.

Sí, conozco esto, está por Sevilla; el croquis es correcto, se trata de una carretera de herradura por la que se sube hacia la zona montañosa, nos dijo. Así que mi hermano se fue para allá el día convenido —un par de días después— con un tipo de la hacienda de Isaac Tebas y llegaron sin problema a un lugar del camino señalado con cáscaras de piña, que era la señal. Fueron sin chofer, en un campero, con un trapo rojo atado en un lugar visible, como ellos habían dicho y, por supuesto, no dijimos nada al F-2, porque las FARC decían que, si aparecía el Ejército, tendríamos que atenernos a las consecuencias.

A eso de las tres de la tarde llegaron al lugar. Les dijeron que cerraran con llave el carro y que los siguieran. Caminaron como cinco cuadras y fueron a dar a un lugar bastante cubierto por la vegetación, donde los esperaban siete guerrilleros, armados y encapuchados. Les hicieron sentarse y sacaron una grabadora Sony que, según David, era ultramoderna, porque apenas estaban llegando entonces a Colombia.

Pusieron un casete y se oyó la voz de mi papá narrando cómo se había producido el secuestro. Él decía que lo habían sacado de la camioneta, habían ido a por Isaac, les habían puesto vendas en los ojos y los habían llevado hasta donde estaban, un lugar que desconocía por completo. Mi papá lloraba y lloraba y decía: David, encárguese de eso, reúna esa plata que es poca, mire que tengo unos ahorritos en el Banco Occidental. Hágalo para que los pueda volver a ver, mijo, y lloraba y nos nombraba a todos los hermanos, uno por uno.

También dijo que estaba bien de salud... Pero creo que a ellos les engañaron y les dijeron que iban a pedir muy poquita plata por su rescate. Después, pusieron un casete de Isaac. La entrevista no duró mucho. Cuando terminaron, les dijeron que se llevaran los casetes y que la próxima vez podrían traer una muda y los medicamentos que necesitaran los secuestrados.

Por mi papá pidieron cincuenta millones de pesos y por Isaac, si no recuerdo mal, trescientos mil dólares. Lógicamente, mi hermano y el hombre de la hacienda de Tebas dijeron que esa plata no se la podían dar, que era demasiado, que no la teníamos. Pero los tipos les respondieron que ellos sólo estaban dando una razón[xxix], que eran unos emisarios, y que la cantidad la habían fijado sus jefes. Les dijeron que, en una semana, cuando tuviéramos la plata, sacáramos un clasificado en los diarios El País y Occidente que dijera que vendíamos una camioneta Ford, modelo tal, para informes preguntar por el nombre de una señora en un teléfono determinado.

... respondiendo a lo que me preguntó antes oficial, sí. En todo momento se negoció un solo paquete. Cuando las dos familias juntáramos el dinero de los dos rescates, teníamos que poner el aviso. Lo que no sé responderle es por qué el contacto lo hicieron con nosotros y no con la casa de Isaac, que era por quien más dinero pedían; pienso que, quizás, por pura comodidad, por seguridad. Y, respondiendo a su segunda pregunta, sé que la gente de Isaac montó algún operativo con el Ejército, pero nosotros no confiábamos en ustedes; esto se lo dijimos al teniente del F-2 mucho tiempo después".

El capitán se llevó las manos a la cara y las deslizó hasta las sienes: le dolía un poco la cabeza. Aunque le molestaba que en el informe no constaran las preguntas que se le hicieron a Dalia García, era capaz de seguir y recordar la mayoría de los detalles. Entonces no existía la prohibición de pagar rescates y la tarea de las fuerzas del orden era muy diferente. La esposa

---

[xxix] Dando un mensaje.

de Isaac Tebas se había presentado en el Batallón con un pequeño maletín, en el que después se supo que llevaba dinero para financiar un operativo que terminó en un rotundo fracaso, pero que precisó de gastos de intendencia y de logística con los que no podían correr las arcas militares.

"Un par de días después, Lucho Montealegre, el periodista de RCN Televisión, nos llamó para que aprovecháramos el noticiero que él presentaba para enviar un mensaje a los secuestradores de mi papá. Yo, que fui la que llevé el tema de la prensa, fui a los estudios y, frente a las cámaras, pedí a los guerrilleros que le respetaran la vida a mi papá, que era un hombre hipertenso, y que pusieran los medios para que llegáramos a un acuerdo.

A Lucho yo ya lo conocía, pero por teléfono. Cuando agarraron a mi papá había varios ganaderos e industriales más secuestrados y él llevaba esos casos. Hablamos mucho a lo largo de todo ese tiempo y, con una cierta periodicidad, Lucho insistía en el estado de salud de mi papá y citaba las drogas que necesitaba y, siempre que se hablaba de posibles negociaciones entre el Gobierno y la guerrilla, preguntaba por los casos de Iván García, de Isaac Tebas y de tantos otros que estaban en la misma situación.

Como le decía antes, él sufría de hipertensión. Era un hombre de setenta y cuatro años, alto y fuerte como un roble; hipertenso pero muy controlable y saludable. Se casó ya viejo con mi madre, cuando él pasaba de los cuarenta y ella apenas había cumplido los veintiuno... Mi papá era demasiado mayor para padecer esas penurias y demasiado pobre para merecerse que lo secuestraran, si es que alguien en todo el mundo se lo merece.

Por más que hacíamos cuentas, una y otra vez, nos era absolutamente imposible reunir el dinero que nos pedían, que hoy superaría los cien millones de pesos. Como mucho, podíamos juntar diez, doce, quizás quince millones. Habíamos hablado con los gerentes de los bancos, con amigos que se ofrecieron a prestarnos algo de plata, con todo el mundo, y no podíamos dar más. Por su parte, la mujer de Isaac nos decía que ella tampoco podía conseguir la cantidad que le pedían.

Y un día se nos apareció el hermano de Calique Hernández —el que secuestró el M-19 hace unos años—, que era abogado y había sido el negociador. Él nos dijo que esperáramos, que los secuestradores terminarían por ceder en sus exigencias porque lo que más les interesaba era el dinero, la plata; que debíamos sacar el clasificado pero cambiando la palabra 'vendemos' por 'negociamos'.

Así lo hicimos. Publicamos el anuncio en los dos periódicos con la palabra 'negociamos' al final del texto y lo mantuvimos unos cinco días, porque los guerrilleros le habían dicho a mi hermano que ellos estaban en una zona montañosa y que tenía que darles un margen, porque cada tres días, uno de ellos se acercaba hasta un lugar donde pudiera comprar la prensa.

Pasó bastante tiempo hasta que volvimos a saber de ellos, como dos semanas largas. Estábamos desesperados, nos preocupaba la espera... ¡Perdón! ¿Qué en qué pensaba? Bueno, pues más que pensar, recordaba. Recordaba el momento en que me despedí de él cuando salimos para las fincas el día del secuestro; la noche anterior había ido a una fiesta y había llegado muy tarde. Él se puso bravo conmigo[xxx], porque no le gustaba que trasnocháramos. Mi papá decía que, si a él nunca

---

lo habíamos visto aparecer en la casa de madrugada, por qué lo íbamos a hacer nosotros".

XX

El amanecer le saludaba con un nuevo ¡levántate malparido!, un agudo dolor en el tobillo martirizado por la cadena y el intenso y húmedo frío de las primeras horas del alba. No había amanecido aún y ya estaba caminando entre helechos gigantes y ramas rebeldes de árboles que pretendían tocar el suelo. Una madrugada más tocaba a su fin y un nuevo traslado se abría en flor. ¿El último quizás? Gustavo ya era incapaz de hacer un cálculo aproximado de la cantidad de veces que había sido trasladado.

¿Cómo es posible que el Ejército no haya dado ya con mi paradero? La selva es grande pero la codicia y el temor de los hombres es aún mayor. En Colombia hay muy pocas cosas que no se puedan obtener con dinero o por la fuerza de las armas, aunque la cobardía es la mayor de los defectos en este aterrorizado país. Ni siquiera los cazadores de guaguas[xxxi] que había escuchado un par de meses antes se habían interesado por la enclenque figura que llevaban a empellones una partida de guerrilleros.

¿Importaba acaso? Desconocía casi por completo las semanas que llevaba secuestrado. Era incapaz de llevar la cuenta de los días y, aunque les rogaba a sus captores que le dijeran el mes

---

[xxxi] Roedores de Sudamérica.

en el que estaban, sus respuestas le confundían aún más; un día le decían que diciembre y, dos días después, que marzo. El sufrimiento podía con su mente, que estaba en todo y nada a la vez. ¿A quién le importo ya? Si llevo más de año y medio secuestrado les habrán dicho que estoy muerto o habrán terminado por pensarlo. En realidad, el libanés apenas estaba entrando en su sexto mes de cautiverio.

Escuchó las voces de los amos y las airadas protestas de los perros en forma de ladridos. La cacería se suspendía. A Fabio lo habían enviado para que ahuyentara a los cazadores —¡Se me van ya mismo! la veda no está abierta acá para ustedes—. Pero él estaba seguro de que los hombres abandonarían la zona a toda velocidad para notificar a las autoridades lo que habían visto, porque lo tenían que haber visto. Un tiro en la selva llama poderosamente la atención de cualquiera. Lo cierto es que Gustavo no los había podido ver, sólo los había escuchado llamar a los perros. Pero ellos sí tenían que haber visto la columna, tenían que haberla visto. Seguro que la vieron.

Llegaron al nuevo campamento poco antes de la medianoche. La caminata había sido supremamente larga y penosa. Habían desfilado por encima de los 2.000 metros de altitud en busca de la Cordillera Occidental, aunque determinados cambios de rumbo sobre la marcha le hacían dudar de si sería realmente ese su punto de destino. Carlitos dio dos vueltas a la cadena alrededor de un árbol y cerró los candados sobre los eslabones que unían el hierro al tronco y el tobillo izquierdo a la cadena.

Esta noche le habían reservado una vista de película. Bajo sus pies se abría un abismo de casi doscientos metros que terminaba en una ancha y pedregosa quebrada. La inclinación del desnivel, duramente castigado por la erosión, se aproximaba a los noventa grados. Su escolta se retiró hasta la explanada más cercana, no sin antes levantar una antena de transmisión de casi dos metros de alta y ochenta centímetros de ancha.

Hasta ese día no había advertido como, con habilidad y una gran dosis de paciencia, su gente montaba el equipo de comunicaciones que llevaba disperso en media docena de mochilas. Al poco rato pudo comprobar la potencia con que se recibía desde ese punto del aventadero; desde los montes de los departamentos[xxxii] próximos los operadores de radio daban cuenta del estado de sus respectivas misiones y pedían información a Don Chepe de las condiciones físicas del "paquete".

El libanés, al que no le costó demasiado deducir que él era el "paquete" al que se referían, tuvo que soportar hasta ocho estruendosas comunicaciones esa madrugada. Pero, a medida que el cansancio se fue apoderando de sus captores, la estación fue dejando de emitir. Los guerrilleros acusaban los efectos de la agotadora marcha y el último hombre en comprobar sus ataduras fue el operador de radio que subió a cubrir con una lona verde la antena. Esta podía ser su noche: habían descuidado su custodia. A sabiendas de que, aunque conociera medianamente bien el área, le faltaba el aliento y tendría que cargar con la gruesa y pesada cadena, decidió intentar una nueva huida. Siempre había pensado que la evasión le resultaría más fácil durante cualquier traslado, porque los árboles a los que le amarraban eran menos gruesos que los de los campamentos fijos y porque tendían a bajar la guardia presa del cansancio.

[xxxii] División política territorial de Colombia.

Gustavo trepó por el árbol y comenzó a cimbrearse en él con la esperanza de que terminara por doblarse y le permitiera deslizar la cadena por su parte más fina, la superior. Pero calculó mal y se le vino encima, despertando un ruido fuerte y sordo al estrellarse contra el suelo. En tres minutos tenía a todo el grupo a su alrededor.

—Mirá malparido ¿por qué tumbaste el árbol? —le chilló Don Chepe.
—No, hombre, ¡qué carajo iba yo a tumbar el árbol! Se cayó sólo.
—Sí, claro. Como la última vez ¿no es cierto?

El viejo le recordaba la primera de sus frustradas huidas. Aquella noche había intentado algo muy similar. Le habían encadenado a un arbolito muy alto pero muy estrecho; y sus raíces, que crecían horizontalmente, estaban prácticamente a ras de suelo. Gustavo excavó con las manos durante un par de horas largas para dejar al aire las garras con que se aferraba débilmente a la tierra mientras los guerrilleros se hinchaban a mojar arepas[xxxiii] en tazas rebosantes de café y chocolate.

Todo iba a la perfección, pero cuando comenzó a empujar al arbolito para que cediera, el grito de uno de sus captores le heló la sangre. ¡Ve hijueputa, hace más de dos horas que estás en eso a ver si arrancas el palo! Sos huevón ¿o qué? No ves que te estamos vigilando grandísimo hijueputa y que si te vuelas[xxxiv] te matamos. Sin embargo, un mes después sacó valor para intentarlo de nuevo.

[xxxiii] Especie de empanada de masa de harina de maíz.
[xxxiv] Te fugas.

Peleó toda una tarde con uno de los botones de su apestosa camisa, hasta que pudo triturarlo con la ayuda de dos piedras. Con paciencia dio forma a una de las esquirlas y la introdujo un centenar de veces por el orificio de apertura del candado, rezando porque pudiera liberar el seguro. Pero le resultó imposible; los mismos candados Yale que en la ciudad los gamines[xxxv] hacían saltar en segundos se negaron a entregársele ese día.

Las peinillas[xxxvi] segaron las cañas y los palos se alzaron sobe su cabeza. Pa' que aprendás, malparido. Uno, dos, tres de ellos comenzaron a azotarle, desprendiendo la piel de sus manos, sus brazos y de sus oídos y tiñendo de sangre su espalda y sus costillas. Se le nubló la vista y se desmayó.

[xxxv] Niños de la calle en Colombia.
[xxxvi] Machetes.

XXI

—No, no, para nada, viejo. Eso sigue siendo mucho.

—Tú verás si quieres o no que regrese el libanés.

Pacho se seguía resistiendo. Su contacto, Carlos 14, había reducido el precio del rescate por Gustavo hasta doscientos millones de pesos, después de pedir doscientos cincuenta, pero seguía siendo mucho dinero. En la entrevista anterior se habían estancado en esa cifra y hoy esperaba poder ajustar la exigencia de los secuestradores a la realidad financiera de Ana.

—Mirá, hombre, que no podemos darte más de noventa, vos no sabés lo que es esto.

—No, nada de eso; el hombre vale mucho... Que sean ciento cincuenta, pues.

—No se puede, así que mejor olvidémonos. Negociá con él, porque esa plata no la hay.

El banco no había especificado el monto total que estaría dispuesto a facilitarles, pero ellos estimaban que se aproximaría a los cien millones de pesos. Esa cantidad, sumada a otros diez millones que tenía Ana, al valor de su camioneta y uno de los jeeps de Miguel, podía redondear los ciento veinte millones. Pacho, no podemos pagar más de eso, intentá llegar hasta ahí, le habían dicho.

—¡Ah, carajo, qué problema!

—Mirá, tenemos para ofrecerte noventa. Setenta que nos presta el banco y otros veinte de la venta de un ganado en las fincas... Mientras él siga acá, lo suyo no vale nada.

—Si la cosa es así, entonces no va a poder ser.

—Vos sabés que es imposible dar más. Y yo me voy, porque no tiene sentido que sigamos hablando. El libanés es plata para ti, pues arregláte con él.

—¡Ya, lo último! Ciento veinte millones de pesos y el hombre es tuyo en diez días.

—¿Cómo decís?

—Que sean ciento veinte y te lo entrego.

—Yo me aparezco acá en diez días y te entrego noventa.

—¡Ciento veinte!

—¡Ah! Y no puedo volver en este jeep, porque es muy vistoso, ya está marcado y yo no me quiero arriesgar a que otros se queden con la plata.

—¡Qué vaina!

—Mirá, si tiene que ser blanco, yo tengo un Renault 12 de ese color...

—Ok, traélo. Y son ciento veinte millones ¿oyó?

—Bueno, yo no sé, hablaré a ver si se puede conseguir de alguna forma.

Pacho puso cara de circunstancias y comenzó a deshacer el camino hacia el carro, en el que debía estar impacientándose ya Miguel. Esta vez la entrevista había sido al otro lado de un pequeño puente que formaba parte de un caminito auxiliar de la carretera al Chicayá. Al sobrino de Gustavo le habían obligado a permanecer al otro lado del riachuelo, mientras él cruzaba a la otra orilla con el guía de los encuentros anteriores. El negociador le estaba esperando entre un pastizal tan alto que la hierba le llegaba a la altura del hombro.

Los dos hombres se montaron en silencio en el jeep y a Pacho se le disipó el miedo que había sentido con el guerrillero; no por la amenaza que éste suponía, sino porque tenía pavor a las culebras y la conversación la habían mantenido en uno de los lugares preferidos por esta clase de animales. Miguelito, creo que estamos más cerca, pidieron ciento veinte.

Diez días después, Pacho y Miguel estaban nuevamente en la carretera. Llevaban consigo ciento veinte millones de pesos en billetes de cinco y diez mil. Sus corazones brincaban alegremente porque, por fin, iban a lograr la liberación de Gustavo, aunque eran conscientes de que, por lo general, el secuestrado era liberado un par de días después del pago del rescate.

El día anterior, el viejo abogado había acompañado a Ana a la oficina del gerente de Banco de Bogotá para recibir cuatro bolsas de lona con el dinero, y pudo ver la decepción en su cara cuando se encontró con un pequeño montón de billetes sobre la mesa. Escasos minutos antes estaba preocupada por buscar un sitio lo suficientemente espacioso como para poder acomodar esa cantidad tan abultada de plata.

Según el plan que habían diseñado para evitar que delincuentes comunes o la propia Policía se adueñase del rescate, esa misma tarde Pedro y Raúl, disfrazados de obreros, introdujeron cinco costales[xxxvii] de escombros en la oficina del gerente, simulando una remodelación. Ricardo y Pacho trabajaban en negocios de construcción, así que no fue difícil hallar con qué rellenar los sacos.

[xxxvii] Sacos de tela.

El viejo echó un vistazo al reloj y se asombró de que aún no fueran las dos. Miguel miraba a diestra y siniestra, buscando unos perseguidores fantasmas en el espejo retrovisor. Seis horas antes, a las ocho de la mañana exactamente, Pedro y Raúl salieron del banco con los mismos costales que entraran el día anterior y los lanzaron al baúl de una camioneta destartalada que estaba aparcada en frente. Dentro iba el dinero. Mientras tanto, Ana —el cebo— se paseaba por la calle, encaminándose lentamente al banco.

La camioneta partió hacia el sur y se introdujo en un edificio en obras. Allí les esperaba un Renault-18 rojo. Sacaron el dinero de las bolsas y lo camuflaron en unos compartimentos que habían preparado en las puertas traseras y en un guardabarros hueco. A esa hora Ricardo y Miguel ya se encontraban vigilando la carretera hacia Buenaventura; uno iba en dirección norte y el otro en sentido contrario, para cubrir un tramo de más de noventa kilómetros. Ya habían tenido un encontronazo con el Ejército y no querían más sorpresas.

Nadie fue detenido en ningún retén a la salida de Cali y todos pudieron encontrarse a tiempo en un punto de la carretera que previamente habían concretado. Metieron el dinero en una vieja camioneta y Pacho y Miguel partieron hacia la última de las entrevistas: la definitiva.

—¡Ahí está! ¡Pará, pará! —exclamó Pacho.

Acababan de superar el segundo túnel de la carretera que llevaba a Buenaventura y el indio vestido de azul y verde les aguardaba junto a un frondoso árbol. Se detuvieron, pero el hombre saltó al carro y les indicó un camino que se abría un centenar de metros más adelante. Quince minutos después llegaron hasta el lugar en el que estaba Carlos 14 y otros tres guerrilleros más.

Todos bajaron de la camioneta y los secuestradores se lanzaron sobre las bolsas del rescate. Contaron el dinero dos veces y sonrieron satisfechos. El negociador se les acercó y se plantó frente a Pacho.

—Ah, hombre, ¡qué rápido consiguieron la plata!
—Bueno ¿y cuándo tenemos al libanés?
—Mirá, viejo, el hombre vale más, mucho más. Digamos que esto es sólo la cuota inicial.

Pacho enrojeció y cerró los puños con rabia. ¿Qué carajo querés decir con eso? Cuota inicial, queremos más. Lo quería matar, quería agarrarlo por el cuello, estrangularlo y molerlo a patadas como a un perro. Miguel palideció y, por un momento, creyó que se iba a desmayar. ¿Cómo era posible? Entonces es que está muerto.

—Pero no se preocupen, que acá tengo un casete, para que vean que el hombre sigue con vida. Pero hace falta más plata. La próxima vez les decimos cuánto….
—¡Suéltelo entonces! Él es el dueño de todo, sin él no hay de dónde sacar más...
—No, viejito, no. Busquen la plata; búsquenla.

Ana fue la primera en ver la camioneta en la que se habían marchado y llamó la atención de todos. Ricardo, Pedro y Raúl se le acercaron. El carro se detuvo a unos cincuenta metros de ellos y los dos hombres descendieron de él. No esperaban ver a Gustavo, porque eran conscientes de que nunca había liberaciones inmediatas, pero Pacho tenía la cara desencajada y en los ojos de Miguel aún quedaban lágrimas.

—¿Qué fue? ¿Qué pasó? —chilló fuera de sí Ana.

—Nada, Anita, nada... Nos tumbaron[xxxviii]...

—¿Cóoomo?

—Sí, mucho nos tomaron el pelo esos granhijueputas. Esos malparidos nos faltaron a la palabra y salieron con que esa plata era una cuota inicial, que tenemos que dar más...

—¡Lo mataron!

—No, no te preocupés, Anita. Acá tenemos una prueba de supervivencia —la atajó Miguel.

—Mucho nos jodieron esos hijueputas... —maldijo Pacho—. Y, Anita, sabés que te apoyo en todo, y no es por miedo, pero no vuelvo a negociar con esos malparidos. Sigo estando contigo, pero yo no vuelvo a hablar con esos hijueputas, mucho me tomaron el pelo.

Ricardo tomó del brazo a su hermana, que estaba abatida. Nadie estaba preparado para recibir este golpe y ella menos que nadie.

—Camine, véngase conmigo, ya lo resolveremos.

—Lo mataron, Ricardo, lo mataron.

—No, Anita, fresca[xxxix] que tenemos un casete. Camine.

—¡Ay! ¿Y ahora qué vamos a hacer?

—Tranquila, pensá en el niño, tranquila, ya resolveremos.

[xxxviii] Timaron, engañaron.

[xxxix] Tranquila.

XXII

La viejecita había sido muy ambigua en su declaración y, por lo tanto, resultaba difícil establecer de quiénes se trataba. La mujer, que había relatado agitadamente al capitán Restrepo el robo de un pavo, había comenzado culpando a tres de sus soldados de la acción, pero quince minutos después, el cabo Cifuentes había logrado desentrañar pacientemente la trama para concluir que los ladrones eran guerrilleros.

Restrepo se puso en pie mientras el cabo continuaba desmadejando el relato de la campesina y se dirigió a una de las paredes de su oficina en la que pendía un enorme mapa físico y político de la región. Aquí, aquí arriba; éste es un lugar de paso, acá no hay guerrilla, pensó. Y regresó a su asiento, invitando a Cifuentes a que sacara a la viejecita al pasillo.

—¿Piensa lo mismo que yo, capitán? —le preguntó Barbosa.
—Allá no hay guerrilla, estaban de paso.
—Sí, señor, pero quienes pasaron debían ser de las FARC, tenemos informes de que ellos se mueven por esa parte de la cordillera. ¿Y será que usted cree que ese grupo tenía a...
—Es posible, es posible. Pero el libanés no es el único secuestrado, teniente. Vamos a esperar y, si por casualidad alguien nos dice que ha visto guerrilla con algo parecido a un rehén, organizamos un operativo. Eso es todo. Puede retirarse Barbosa.

El teniente se retiró y se llevó consigo al cabo y a la mujer, que esperaban en la puerta. Restrepo los vio partir desde su mesa y, tras un instante de vacilación, volvió al expediente de García que, además de recordarle experiencias pasadas, estaba haciéndosele pesado por momentos.

"... Estuvimos varias semanas sin saber nada de los secuestradores. David se mantenía en contacto con el granero, pero no había ni rastro de ellos. Finalmente, cuando habían transcurrido unas cuatro semanas, un mes, uno de los guerrilleros llamó a la bodega y le dijo al tipo que nos contactara y nos dijera que recogiéramos un segundo comunicado en la carretera que lleva a Sevilla. El papel estaría en el kilómetro seis, bajo una piedra que veríamos a mano derecha pintada de color rojo y con el número seis escrito sobre ella.

El hombre nos llamó, nosotros hablamos con la esposa de Isaac y ella dijo que se encargaba de recogerlo. De todas formas, mi hermano se fue para allá y, cuando llegó, se encontró con que debajo de la piedra no había nada. Buscó por todas partes y no encontró nada. Un campesino que pasaba por el lugar le preguntó que si él estaba con la gente que había estado minutos antes revisando la carretera. David cayó en la cuenta y se regresó.

Lo que había pasado era que la esposa de Isaac había notificado al Ejército y ellos habían recogido la comunicación, que luego nos hicieron llegar. Nos molestamos mucho, porque la presencia del F-2 ponía en peligro no sólo la vida de los dos secuestrados, sino también de quienes estaban negociando. La guerrilla podía haber estado vigilando quién recogía la nota...

Pero creo recordar que nos dijeron que los soldados fueron vestidos de civil.

Aun así, el disgusto fue muy grande, porque habíamos venido trabajando juntos y los Tebas no nos habían participado de esa iniciativa. ¿Cómo era posible que no nos avisaran a nosotros que pensaban mandar al Ejército? Ese incidente sirvió para clarificar muchas cosas, porque no estábamos dispuestos a arriesgar la vida de mi papá.

En ese papel nos decían que habían decidido rebajar sus exigencias y que el precio por la libertad de Iván García era de veinte millones de pesos; como en la ocasión anterior, teníamos que publicar un nuevo clasificado cuando tuviéramos el dinero. El rescate seguía siendo muy alto, porque Calique Hernández, que era quien nos estaba ayudando en esto, nos había dicho que el precio justo rondaba los cinco millones, que no diéramos más, que aguantáramos hasta que ellos se impacientaran y cedieran. Los fines son económicos, así que hay que regatear, como en cualquier negocio, nos dijo".

El capitán dejó los papeles sobre la mesa y sorbió la taza que reposaba a su derecha. Miró su reloj de pulsera y se maravilló de lo bien que le quedaba; pero el tiempo se le estaba echando encima y aún tenía que redactar varios informes para enviar a Bogotá. Suspiró profundamente y, con cara de resignación, se metió de lleno en el expediente.

"Como no habíamos publicado el anuncio, dos semanas después, los secuestradores llamaron nuevamente a la bodega para exigir la presencia de mi hermano al día siguiente para negociar el monto total del rescate. Y, antes de abandonar la ciudad para presentarse a la cita, él habló con la esposa de

Isaac para decirle que, a partir de ese momento, no íbamos a hacer ni una sola declaración más a las autoridades, porque su inoperancia y su forma de actuar no nos gustaba nada.

David estuvo allá a la hora convenida y, quince minutos después, el hombre del establecimiento le avisó de que tenía una llamada para él: eran los guerrilleros. Durante media hora discutieron el precio y, finalmente, la cantidad se quedó en diez millones de pesos. El rescate por Isaac era innegociable.

También le dieron las instrucciones para el pago, que debía realizarse el 31 de diciembre por la mañana en el mismo sitio en que mantuvieron la única entrevista cara a cara con los secuestradores. Mi hermano les hizo ver que no habíamos vuelto a tener ninguna prueba de supervivencia desde el casete de la primera cita y una carta comentando un periódico de la fecha y una foto Polaroid en que aparecían los dos que encontramos en el sobre que estaba bajo la piedra pintada de rojo.

El tipo le dijo que tendríamos garantías de que estaban vivos el mismo día de la entrega del dinero. Nosotros esperábamos alguna carta o grabación en la que pudiéramos oír sus voces relatando anécdotas familiares o aludiendo con sus pseudónimos a sus sobrinos o sus nietos, porque llevábamos mucho tiempo sin recibir una sola prueba de supervivencia, pero la cosa no fue así.

Pese a que no nos constaba que mi papá seguía con vida y a las recomendaciones que nos habían hecho en este sentido, decidimos dar la plata, porque a la larga lo único que nos importaba era que volviera con vida. La noche anterior al pago recogimos ocho millones que nos prestó el banco y sacamos los otros dos que habíamos conseguido reunir nosotros entre la venta de dos de los carros y lo poco que había en las cuentas, y los contamos.

A las seis de la mañana del 31 de diciembre David y un hombre de casa de los Tebas se aparecieron en el lugar y allá se presentaron una docena de guerrilleros. Ellos entregaron nuestros diez millones y los cincuenta de Isaac en billetes de diferentes valores y series, y los guerrilleros se sacaron una carta como prueba de supervivencia, pero sólo la de Isaac. Mi hermano preguntó por qué no había una de mi papá y uno de los guerrilleros le dijo que él no había querido escribir. Su papá no quiso, se negó.

David le dijo que eso no era posible, que mi papá hubiera hecho lo que fuera si sabía que de eso dependía su liberación. Fue entonces cuando a él se le ocurrió pensar que, de repente, mi papá no estaba vivo y pese a eso dio la plata, porque nosotros nos comprometimos y porque no teníamos la certeza de que realmente estuviera muerto. Los hombres tomaron el dinero y prometieron que en quince días los liberarían, alegando que ellos se encontraban a más de cuatro días de camino de allá.

Mi hermano se vino muy triste para la casa y nos contó lo que había pasado. Todos coincidimos con él en que mi papá no se negaría a hacer nada que creyera que podría ser positivo para su liberación. En ese momento... En ese momento cada uno de nosotros pensábamos lo mismo que David: que todo era muy raro, que mi papá podía no estar vivo. Fue un fin de año muy, pero que muy triste.

Habíamos pagado porque no teníamos otra opción. Era nuestra palabra contra la de unos asesinos y unos delincuentes y, aunque sabíamos de sobra que la práctica habitual era soltar al secuestrado un tiempo después de haber pagado, teníamos la impresión de que mi papá estaba muerto.

Y pasaron los quince días y nada; pasó un mes y nada, ninguna comunicación notificándonos que Isaac y mi papá estaban vivos o muertos; nada de nada. A medida que pasaban los días nos convencíamos de que no estaba vivo. No sé explicárselo oficial, pero es una sensación interior, como si la energía de esa persona a la que uno quiere empieza a desvanecerse, uno no la siente como viva...

A la vista de los acontecimientos decidimos hacer públicos los contactos que habíamos mantenido con las FARC, y contamos que habíamos pagado los dos rescates sin que supiéramos ni su paradero, ni si seguían con vida. Como usted recordará, estalló un *boom* terrible, porque los medios de comunicación nacional airearon la noticia a los cuatro vientos... Isaac —como usted bien sabe— era una persona más que conocida; su ganadería y los puestos políticos que había ocupado le habían convertido hacía mucho tiempo en una persona pero que muy bien conocida.

Con toda esta publicidad lo que perseguíamos era poner en conocimiento de la gente lo que estaba pasando y, conscientes de que los guerrilleros de alguna forma se informaban con regularidad, que supieran que no nos íbamos a callar esta injusticia. De lo que sí estoy segura es de que llegamos hasta el paraje más alejado de la Cordillera Central, de que ellos nos escucharon".

XXIII

—¡Levantáte que nos vamos! ¡Arriba marica!

Liberaron los candados que lo unían al árbol y de un empujón le forzaron a dar el primer paso. Abandonaban el campamento después de varias semanas y, por la agitación y el movimiento, supo inmediatamente que se trataba de un traslado definitivo. Eran las cinco de la mañana e iniciaba una jornada que se dilataría tanto cuanto lo hubieran dispuesto sus captores. Lo único que tenía en claro Gustavo era que se dirigían a un punto indeterminado donde probablemente les aguardaría un contingente aún mayor.

El grupo tomó el mismo camino por el que había llegado hasta donde habían acampado. Al libanés le comenzó a extrañar la situación y, cuando ya se pensaba que regresaban, los guerrilleros alteraron el rumbo y, del occidente, se fueron hacia el norte del país. La ruta penetraba en el corazón mismo de la Cordillera Occidental e iba a dar a la costa, pero el intenso frío de las alturas dominó la marcha.

Gustavo se mantenía tibio con el esfuerzo que realizaba con cada paso que daba en la escalada del enlodado camino, pero temblaba de sólo pensar en el terrible abrazo que le daría el frío en cuanto se detuviesen para hacer la primera de las habituales paradas. Ahora ya ni siquiera podía contar con la chaqueta de cuero que su mujer le dejara en el jeep el día que partió de su casa; primero le rompieron la cremallera, después se la rasgaron y, finalmente, se la quitaron.

Sonrió para sus adentros. ¡Y pensar que por un momento les creí con un poco de humanidad! Don Chepe, que se alegraba porque pensaba que Gustavo le llamaba así porque era incapaz de retener su verdadero nombre, se había compadecido de su situación y un buen día le había regalado un pedazo de ruana del tamaño de su largo y una cuarta de ancho.

Ilusionado, el libanés había confeccionado un gorro y un par de rodilleras con el retazo de lana, cuyas dimensiones apenas superaban las de una gruesa bufanda. El gorro, que se asemejaba al de los cosacos rusos, resultó ser una bendición para sus gélidas orejas y, aunque la lluvia lo empapaba diariamente, él perseguía los rayitos de sol que escapaban a la barrera que formaban las copas de los árboles para exponerlo al menos un ratito. Cuando esto no le era posible, esperaba pacientemente a que el calor que generaba su cabeza lo secara. Por su parte, las rodilleras acabaron casi por completo con las punzadas que el frío le ocasionaba en sus maltrechas rodillas.

Pero la alegría le duró muy poco tiempo. Al cabo de una semana, un nuevo reemplazo llegó al campamento en el que se encontraba y con él un joven estudiante de la Universidad Libre. El muchacho, que en el mismo momento de llegar se quedó mirando fijamente a Gustavo, ordenó a dos de sus subalternos que le despojaran del gorro y de las rodilleras y, delante de él, lo tiró al río que corría a un par de metros del árbol al que estaba encadenado.

Un escalofrío le recorrió la espina dorsal al recordar la cara de indiferencia total del tal Mario aquella tarde. ¡Hay que ser un malparido bien hijueputa para hacer eso! Esquivó las anchas hojas de una platanera y levantó la vista al frente; lo que vio le iluminó la cara. Por primera vez desde que fuera secuestrado veía más de una casa en un sólo golpe de ojo. Media docena de ranchos se hallaban dispersos entre las dos cuchillas que cortaban el pequeño valle.

La huella de presencia humana civilizada le terminó deprimiendo; le hacía evocar los días en que vivía y disfrutaba en familia. Ahora ellos estarían atareados intentando satisfacer las demandas de sus secuestradores, si es que no se habían vencido y habían optado por tirar la toalla después de tanto tiempo y tanta incertidumbre.

Sin embargo, sus captores se habían preocupado muy mucho de hacerles saber que el libanés permanecía en sus manos y él lo sabía, pero la fragilidad de su ánimo y el deterioro de su estado síquico se lo ocultaban. Recordaba perfectamente el día en que grabó el primer casete sentado sobre un par de rocas lisas.

Había trascurrido poco más de un mes desde que fuera capturado y le habían dicho que iban a pedir un rescate por él, que las negociaciones habían comenzado. Don Chepe instaló una grabadora Sony sobre sus rodillas y, de mala gana, le dio una serie de instrucciones: debía describir su estado de ánimo, su condición física y sus necesidades, pero con las palabras que le indicaban.

—Majito, decíle a ella que tenés hambre, que estás muy enfermo y que necesitás las siguientes drogas —le apuntaba el viejo, enumerándole una larga relación de medicinas.

Gustavo se aclaró la voz y, con un coro de grillos como telón de fondo, comenzó su relato. A medida que las palabras iban saliendo de su boca se le hacía más y más difícil articularlas. Las lágrimas escapaban incontroladamente de sus ojos y sentía que el corazón se le encogía al final de cada frase. Don Chepe y Carlitos escuchaban con atención y guardaban quizás un embarazoso silencio.

—...viejita, mandáme si podés una frazada, unas medias de lana, unos plásticos grandes de esos que hay en el almacén... porque yo paso mucho frío aquí y la lluvia no deja de mojarme todo el día... Estoy amarrado a un árbol, totalmente a la intemperie.

Carlitos le señaló el cartón en el que, en gruesos caracteres y pésima caligrafía, habían escrito "drogas[xl] y comida". El libanés asintió con sus empañados ojos.

—... estoy bastante mal ¿sabés? No, no te preocupés, pero hacéme el favor de enviarme mejorales[xli], alkasetzer, vitaminas, chocolates...

Su voz entrecortada hacía las delicias de los guerrilleros, que perseguían provocar en su familia toda la angustia y ansiedad que les fuera posible para acelerar la recaudación del rescate. Don Chepe le hizo una seña con las manos; se había acabado el tiempo, tenía que cortar.

—... bueno, me dicen que tengo que terminar. Anita, por favor, arreglá esto como sea, sacáme de aquí. Dales todo lo que te pidan, lo que sea, aunque nos quedemos en la ruina... Pero

---

[xl] Fármacos.
[xli] Fármaco para la gripe.

sacáme de aquí... Te quiero viejita, dale un beso a Gustavito de parte de su papá y decíle que pronto volverá. Y a Miguel y a Sandra... y a Miguel y Sandra, decíles que sean fuertes, que de ésta salimos.

No podía evitarlo; estaba llorando otra vez. Se llevó las maniatadas manos a la cara y se sacudió bruscamente las lágrimas. Estaban acabando con él. Había grabado seis casetes y sabía que se había pagado alguna cuota a sus captores. Cuando supo que la primera de ellas había sido satisfecha, pensó que todo se terminaría, que lo liberarían un par de días después. Pero no fue así. Por eso, aunque creía que una segunda también había sido entregada, no dejaba de pensar en que lo matarían cuando su familia se hartase de dar ingentes cantidades de dinero a cuenta de nada.

También había escrito una larga carta de la que nunca tuvo contestación. ¿Sabés escribir a máquina, malparido? Sí, sí sé, pero ustedes me botaron los anteojos al fuego hace tiempo... ¿Sabés o no sabés, hijueputa? Le entregaron una pequeña máquina de escribir portátil con una hoja en blanco sujeta a su carro de arrastre.

Gustavo tecleó lentamente dos cuartillas prácticamente al tacto, porque apenas podía ver de cerca sin la ayuda de unos lentes y porque acusaba los efectos de la desnutrición y la falta de sueño. La carta, plagada de errores por las circunstancias, fue censurada y extractada en sus mismas narices por el viejo instructor, que tachó todo aquello que no se ajustaba a lo que previamente le habían indicado que escribiera.

Jamás recibió una carta de respuesta y la nostalgia le empujó a sentirse completamente abandonado. Sólo con el paso del tiempo imaginó que, efectivamente, Ana le había escrito, pero que habían decidido no entregarle ni siquiera el sobre para atormentarle aún más. De hecho, las ropas de abrigo y las medicinas habían llegado, pero a él no le dieron ni las gracias.

Abrigaba la esperanza de que, al menos, le entregarían alguno de los muchos pares de medias de lana que habían recibido pero, no sólo se las negaron, sino que además se mofaron de él. ¡Tan considerada tu vieja, majito! Sus pies, helados e hinchados querían gritar y, cuando su boca lo hizo, le preguntaron si le apretaba mucho la cadena que apresaba su tobillo izquierdo. Asintió y Carlitos se le acercó para estrechar aún más los eslabones.

—¡No puedo resistirlo!
—¡Pues jodéte marica!

En pocas horas, su pie tomó el color de un tamal[xlii] por la falta de circulación y la presión le impidió pegar ojo en toda la noche. A la mañana siguiente se negó a ponerse en pie, pero la amenaza de otra paliza no le dejó más salida que obedecer. Cuando lo apoyó para realizar la serie de ejercicios estáticos que debía hacer cuando no había marcha, creyó que se desmayaría del dolor.

[xlii] Plato que consiste en masa de harina de maíz rellena de carne, pollo, chile u otros ingredientes, envuelta en hojas de mazorca de maíz o plátano y cocida al vapor o al horno.

XXIV

Clara, la hermana soltera de Gustavo, se había acercado hasta la casa de Ana para entregarle una carta que habían dejado a su nombre en el buzón de su apartamento. Presa de la desesperación, rasgó el sobre y leyó atropelladamente su contenido: una nueva cita. Suspiró profundamente y se dejó caer en el sofá aliviada. Era la primera comunicación que establecían los secuestradores desde que entregaran el dinero, más de mes y medio antes.

Una nueva y angustiosa espera llegaba a su fin. Después de haber estado varias semanas temiendo por la suerte que pudiera haber corrido su marido, volvía a recuperar el aliento. Los espantosos días que habían transcurrido sin nada qué hacer los había invertido en abrumar a su diario con sus preocupaciones y en estudiar las formas de poder reunir algo más de dinero.

Pero tampoco había perdido el tiempo. En vista de que Pacho no estaba dispuesto a regresar a negociar de nuevo, y cuenta tenida de la profunda desconfianza que habían generado en ellos el desplante de los secuestradores, se habían esforzado en estudiar fórmulas alternativas al margen del Ejército y la Policía.

Un viejo amigo de Gustavo se había ofrecido a contactar con un grupo al que Pacho inmediatamente bautizó como Los Magníficos. Al parecer se trataba de soldados profesionales, mercenarios, que se encargarían de rescatar a su marido a partir de algunas descripciones que él había podido hacer del lugar en el que se encontraba en uno de los casetes que les entregaron.

El trato consistía en veinte millones de pesos en mano y otros quince más si lo traían. Miguel apoyó la idea inmediatamente, pero Ana y Pacho le desanimaron, recordándole que el grupo que tenía cautivo a su tío era de los mejor organizados de las FARC, y del riesgo que suponía montar una operación de estas características en un terreno que —de entrada— no se intuía propicio.

—No, Miguel, no nos arriesguemos. Me da mucha rabia lo que ha pasado, pero estoy en desacuerdo. Si no ha podido el Ejército con ellos, imagínate a cuatro pelagatos allá arriba... No quiero jugar con la vida de Gustavo. Estamos haciendo las cosas como se deben hacer y habrá que dar la plata... ¿Qué otra cosa podemos hacer? —Y zanjó la discusión.

Pocos días después, su hermano Pedro le trajo un rayito de esperanza: Anita, un amigo mío sabe de un tipo que tiene contactos con la guerrilla y de repente él nos puede ayudar. Como no tenían a quien acudir, no lo dudaron y ambos se fueron hacia Popayán para, después de caminar casi kilómetro y medio por un pequeño valle, llegar hasta una gran hacienda en la que les esperaba Antonio Pérez, un ganadero cuarentón que les pidió que le llamaran simplemente Antonio.

El hombre les sentó frente a una taza de un café horrible y les dijo que quería saber todo lo que se había hecho hasta el momento, con el mayor lujo de detalles posible. Ana, que había ido debidamente preparada, le extendió una docena de hojas mecanografiadas en las que se resumía todo lo acontecido desde el secuestro del libanés. Además, ambos respondieron ampliamente las pocas preguntas que les hicieron.

—Por lo que me cuentan, éste debe ser el grupo quinto de las FARC, que lo dirige un tipo llamado Cortés.
—¿Y usted tiene alguna forma de poder ponerse en contacto con él? —inquirió Pedro.
—Pues, la verdad es que no. Pero puedo hablar con gente del M-19 y ellos me dirán cómo debo hacer para dar con el hombre.
—¿Y cuándo cree que podrá hablar con ellos? Mire que ya llevamos casi un mes sin saber nada —le dijo Ana.
—Tranquila, señora, ya veremos. Por el momento me interesa saber cuánto dinero podrían reunir.

Bueno, pues, de una u otra forma, podemos juntar unos cuarenta millones, le respondió Ana, que pensaba que vendiendo los dos carros que tenían Miguel y ella en propiedad, poniendo a la venta si fuera preciso la casa de Santa Rita y apelando nuevamente al banco podrían hacerse con esa cantidad.

El gerente del banco la había llamado al día siguiente de la entrevista para saber cuándo entregaban al hombre y Ana, dolida y hasta un poco avergonzada, le había tenido que confesar que aún tendrían que dar más plata. De todas formas, unos días después habían logrado vender gran parte del ganado de las fincas y ella había consignado ese ingreso inmediatamente en una de sus cuentas.

—Cuarenta millones, más es imposible. Pero, dígame Antonio: ¿Cuánto nos va a cobrar por sus servicios?

—Nada, señora. Sólo que, si en un momento determinado necesito algo de ustedes, como cemento, por ejemplo, me lo den. Lo único que exijo es negociar con usted directamente y que, para todos los movimientos que tenga que hacer, me acompañe su hermano Pedro... Tenga presente que estoy arriesgando mi vida.

—¡Ay! Pedro, por favor, no vaya usted. Acuérdese de mi papá y de mi mamá. Si a usted la pasa algo...

—No, hombre, no —replicó Pedro al instante—. ¡Cuente conmigo para lo que sea! Anita, no te preocupés, que yo me hago cargo. Además, ¡qué hijueputa! ¡Luchemos hasta el final!

El grupo se reunió en casa de Luis, que convalecía del susto que le había dado su frágil corazón, y allí se dio a conocer al nuevo negociador que, para entonces, ya había establecido contacto con la gente del M-19 y ésta le había referido a un guerrillero apellidado Pastor, que pasaba cerca de la hacienda de Antonio. Él los podía ayudar.

—Que Pedrito no vaya ¡Yo voy! —gritó Luis desde la cama.

—¿Cómo vas a ir? Te lo agradezco, pero Ana es mi hermana y Gustavo mi cuñado, y soy yo el que va a ir. Vos no vas, ni hablar; mejoráte más bien.

El hombre se enfadaba y repetía una y otra vez: No me oculten nada, cuéntenmelo todo. Y todos, casi al unísono le respondían que no había nada nuevo, que no se preocupara tanto, que descansara y se repusiera.

Gustavito llegó de casa de su abuela y, apenas besó a su tía y a su madre, la sirvienta se lo llevó directamente a la cocina. Ana tomó del codo a Clara y la acompañó hasta la puerta. Se despidieron con un efusivo abrazo y ella regresó al salón, encendió un cigarrillo y se precipitó al teléfono: tenía muchas llamadas por hacer.

XXV

—¡Ya los tenemos capitán!

—No se precipite, Barbosa. Todo parece coincidir, pero debo examinar bien la situación antes de tomar cualquier decisión.

—¡Lea mi informe, capitán; ahí está!

—¡No me jodás, Barbosa! ¡No me jodás!

En el informe torpemente mecanografiado, el teniente manifestaba tener conocimiento de que dos cazadores habían sido alejados de una zona boscosa y especialmente rica en caza de pelo por una partida de guerrilleros. Los hombres habían declarado en el puesto policial que, cuando se retiraban del área con sus perros, alcanzaron a ver al resto del grupo, que custodiaba a un hombre extremadamente delgado y de edad, pero que parecía coincidir con la descripción de Gustavo Aoún.

Barbosa se había desplazado hasta el pueblo en el que se elaboró el informe inicial, para contrastar la información que habían recibido dos días antes y, ciertamente, todo apuntaba a que se trataba de su hombre. El capitán desde su mesa echó un vistazo al gigantesco mapa y observó con preocupación la gran distancia que separaba el lugar en el que la vieja fue robada por tres guerrilleros y el señalado por los cazadores.

—Teniente, agarre una docena de hombres y váyase para allá a primera hora de la mañana.

—A sus órdenes, capitán.

—Pero, recuerde una cosa: usted no es Rambo. Si ve, escucha o presiente algo, llámeme inmediatamente para que le envíe refuerzos. Queremos al hombre vivo ¿entendido?

—Sí, señor.

Si la pista era buena, en cuarenta y ocho horas podría pedir a sus superiores que convocaran una rueda de prensa para anunciar la liberación del libanés y sentarse a esperar el tan deseado ascenso. Mientras tanto, se concentraría en apurar la transcripción del interrogatorio de Dalia García; el tiempo apremiaba ahora más que nunca.

"La noche del 23 de abril estaba yo de guardia en el hospital, acompañada por un radiecito[xliii] que siempre llevaba conmigo para escuchar algo de música entre operación y operación cuando, a eso de las nueve y media, la emisora dio un boletín especial: había aparecido Isaac Tebas en una zona próxima a Tuluá.

Al parecer, los secuestradores habían hecho caminar a Isaac hasta un camino donde les esperaba un jeep. En él se llegaron hasta una finca que se halla un tanto alejada de Tuluá y lo bajaron de carro después de golpearle en la cabeza, no con la intención de matarlo, sino para hacerle perder la consciencia y así ganar algo de tiempo para huir.

El hombre se incorporó y pudo llegar hasta la hacienda. Una vez allá, habló con sus parientes a través de un radioteléfono pero —como usted sabrá oficial— una comunicación de este

---

[xliii] Expresión coloquial colombiana: radio pequeña.

tipo la escucha todo el mundo, y una radio la interceptó y dio la noticia. Desde la ciudad se montó una caravana que se desplazó hasta Tuluá inmediatamente. Sin embargo, en ningún momento se dijo nada de Iván García y eso nos preocupaba, porque los dos tendrían que haber sido liberados al mismo tiempo.

Sobre la media noche, cuando regresaban todos de allá, un periodista le preguntó por mi papá. Isaac, lo recuerdo muy bien, dijo: Hombre, antecito de soltarme, cuando veníamos en el jeep, ellos me dijeron ¡dígale a los familiares de su amigo que nosotros lo matamos! Desafortunadamente tengo que decirles esto, pero yo no creo que él esté muerto, yo pienso que está vivo. No deben perder las esperanzas.

En cuanto lo oyó, David se fue para su casa, porque mi papá e Isaac habían estado cuatro meses en el páramo juntos pasando frío y calamidades y, si alguien sabía algo de él, tenía que ser Tebas. Allá se encontró al hombre delgado, barbudo, con el pelo largo y untado de sangre todavía que le dijo que no había vuelto a saber de Iván desde que los separaron, ratificando, en cierto modo, lo que ya nos temíamos.

Aun así, nos dio ánimos. Miren que su papá estaba muy bien de salud, que nunca se quejó de nada, que siempre estuvo en buenas condiciones de salud. Pero nosotros seguíamos creyendo que era la confirmación; que a mi papá efectivamente lo habían matado. Hablamos varias veces con Isaac y la verdad es que llegó muy mal, estaba desorientado, muy afectado síquicamente y, sin embargo, siempre nos repetía que no perdiéramos las esperanzas, que mi papá no podía estar muerto, que estaba bien... Tengan fe en Dios y recen, que su papá puede estar vivo.

Esas fueron las visitas que con más dolor he hecho a nadie. Verlo y escuchar de su boca las experiencias pasadas por los dos en su afán por sobrevivir a más de tres mil metros sobre el nivel del mar me ponían la carne de gallina. Y, aunque la gente intenta fortalecerte la parte emocional, no deja de ser triste constatar cómo se hace realidad eso que dicen de que, en el mejor de los casos, te secuestran dos y te devuelven uno.

Recuerdo que él nos contó que cuando ellos dos estaban allá arriba y pensaban —¿o presentían? — que uno de los dos podría no salir con vida, se hacían recomendaciones. Y mi papá le pidió a Isaac que, si era él el que no regresaba, que nos dijera que procuráramos mantener las tierras, que no saliéramos de ellas, que las conserváramos. Y lo cierto es que, como en todo momento pudimos sacar la plata de otro lado, nunca pensamos en vender las haciendas, aunque lo hubiéramos hecho si hubiera sido necesario.

Sí, oficial, ellos hablaron mucho durante su cautiverio. ¡Eso que mi padre había sido siempre un hombre de pocas palabras! Muy introvertido, reservado. Y es que Isaac tenía un enfisema como consecuencia de lo que fumaba y además padecía de problemas cardiovasculares también... y a esas alturas, con esas caminatas... Don Iván, levántese; don Iván, camine... En cierto modo, Isaac trataba de dar algo de protección a un hombre que, aunque se mantenía en forma, era bastante mayor que él".

XXVI

Miraba una y otra vez la quebrada que corría a un metro escaso de su cuerpo y levantaba la vista hasta las rocas que drenaban sin descanso las bravas aguas que iban a dar a ella. Por su ancho, parecía más un lago que un riachuelo y no le gustaba nada, podía crecerse en cualquier momento y llevárselo por delante.

—¡Mirá Carlitos! Si se derrumba la tierra allá arriba, el agua se va a represar y se puede romper... Mirá que si eso pasa la corriente me va a arrastrar...

El guerrillero, que hacía una hora le había dicho que hoy no comería porque la comida no había alcanzado para todos, sostenía en su mano una taza de café y masticaba un poco de arroz con quícharo, el pez que habían pescado entre las piedras del río.

—¡Gran hijueputa! ¿Y a nosotros qué nos importa que te ahogués? No te preocupés, que aparecés, marica, porque te tenemos bien amarrado al árbol.

Y, con una sonrisa en la cara, siguió comiendo. Seguro que el malparido se está acordando de lo de ayer, pensó Gustavo. El día anterior, el mismo Carlitos se había presentado ante él con una gigantesca olla entre las manos. En ella humeaba el equivalente a diez raciones de arroz blanco entremezclado con trocitos de cebolla, remolacha y papa[xliv]; era una comida bien preparada.

¡Aquí te traemos para que comás! ¿No te quejás siempre hijueputa de que nunca te damos nada? Pero la condición era comerse todo el contenido del recipiente y, aunque el libanés tenía un hambre insoportable, se sorprendió negándose: ¡No hombre, yo no puedo con todo! El guerrillero no se rindió. ¡Intentálo, jodido, si no te molemos a palos!

Viendo que no tenía otra alternativa, se arriesgó. Le pasaron la cuchara y la olla y empezó a devorar el arroz vorazmente pero, a medida que tragaba, iba sintiendo que la fatiga le iba envolviendo y se mareó. A duras penas había podido engullir la mitad. ¡No puedo más, no puedo! ¡Ay Gustavito, no le habés hecho ni cosquillas a la olla!, dijo su captor y con la peinilla[xlv] cortó unos cuantos palos. Al menos quedé lleno, pensó satisfecho. Le dieron tanto garrote que terminó por perder el conocimiento.

Cuando volvió en sí, el agua rebotaba contra las verdosas piedras sobre las que había dormido las últimas cuatro noches y su mente saltó con una de las gotas hasta el día anterior a la llegada a la quebrada. Habían atravesado una finca enorme, con capacidad para cerca de mil quinientas cabezas de ganado, en la que había descubierto a una mujer y a dos niñas.

Cuando perdieron de vista a las mujeres, unos quince toretes de muy buena facha se les echaron literalmente encima. Tras ellos galopaba un caballo con montura, pero sin nadie sobre él.

[xliv] Patatas.
[xlv] Machete.

El jinete, presumiblemente el marido de la joven que acaban de ver, debió asustarse y tirarse entre la maleza al verlos. ¡Esta vez sí! ¡Esta vez avisarán al Ejército de que vieron a la guerrilla con un secuestrado!

La llegada de Jairo le sacó de su ensimismamiento. Este muchacho rubio de ojos claros, al que el libanés viera por primera vez pocas horas después de ser capturado, era el único que mostraba algo de humanidad. Era un ser retraído, parco en palabras, y apenas intercambiaba un par de frases con el resto de sus captores, si bien era cierto que él no pertenecía al grupo, que sólo hacía acto de presencia algún sábado que otro.

—¿Cómo te va, Gustavo?
—Pues... como siempre, viejo. ¿Qué te trae por acá?
—Rutina, pura rutina.

Se calló repentinamente y echó un vistazo a su alrededor. Jamás hablaba cuando alguno de sus compañeros estaba presente. Y el libanés no pudo reprimir un suspiro. Jairo, que en virtud de las circunstancias demostraba tenerle en consideración, nunca le había insultado y siempre había hecho gala de una mesura escasa entre aquella gente.

—Mono[xlvi], regaláme un pedacito de panela[xlvii] ¿Sí?
—No, no puedo. Sabés bien que no puedo.
—¡Qué carajo! ¿Por qué no me dan de comer lo suficiente? Si me quieren muerto ¿por qué no me matan de una vez por todas? Ya no aguanto más, no lo soporto...
—¡Aguantá Gustavo, aguantá! Tú vas a salir; vas a salir cuando todo se arregle. Cuando llegue la plata que falta.

[xlvi] Cariñosamente, rubio.
[xlvii] Caña de azúcar poco refinada.

El libanés estaba deshidratado y todo lo que necesitaba era una tacita de esa agua de panela que ellos tomaban continuamente. Pero no sólo no le daban, sino que además el malparido de Fabio se divertía regando lo que le sobraba a sus pies, para que Gustavo intentara con un par de palitos acercar las hojas en las que se había depositado parte del líquido. Era una operación que no le era extraña, puesto que recogía el agua de lluvia con el mismo sistema.

Los guerrilleros tenían panela en abundancia y era corriente verlos saciar su sed en jarras como las que preparaba el indio de Fabio, que en su vida se había bebido más de la mitad de su contenido. Sin embargo, él tuvo que explotar al máximo su imaginación, porque el agua no estaba incluida en la dieta a la que habían decidido someterle.

El libanés conocía la existencia del llamado Síndrome de Estocolmo, por el que la indefensión del secuestrado le empuja a sentir una especie de afecto por los secuestradores, pero en él se producía el fenómeno contrario. Odiaba a muerte a sus captores; un profundo resentimiento nacido de los insultos que le dedicaban y las vejaciones a las que le sometían gratuitamente.

Si el trato hubiera sido diferente y hubiera visto, aunque fuera por asomo, el perfil de una ideología política definida, posiblemente sus sentimientos se hubieran aplacado. Pero la guerrilla colombiana había perdido hacía tiempo el rumbo del marxismo y todo su ideal se reducía a despojar de cualquier instrumento de valor a quien lo poseyera. Para ellos, la miseria en que vive el pueblo es sólo una máscara para cubrir el robo, la extorsión y el asesinato; era la mejor de las oportunidades que les brindaba su brutal ignorancia.

No existe industria más lucrativa ni más próspera en el país que la del secuestro. Cientos de miles de millones de pesos van a parar todos los años a las arcas de la guerrilla, concretamente a los bolsillos de sus jefes, cuyo desmedido enriquecimiento hace imposible pensar en que un día habrá un fin. ¡Hasta que Colombia no tenga a un tipo echado p'alante la pesadilla no terminará! Necesitamos orden y justicia de verdad, se dijo Gustavo.

¡Pero con la presidencia repartida entre esa cofradía de ladrones y de hijueputas!... La guerrilla de cuello blanco, la otra guerrilla, servía de modelo de inspiración a las FARC, que también tenía ganas de administrar el país como si de su hacienda particular se tratara... Y ahora que el M-19 decía haberse reinsertado en la sociedad y escalaba rápidamente los escalones de la política, sólo faltaba que se hiciera con el control del Gobierno.

Menos mal que a la gente le quedaba algo de decencia; que a los colombianos no se les había olvidado que eran muchos los que tenían las manos manchadas de sangre. El país está en crisis porque las instituciones son corruptas e ineficaces y porque la oligarquía tradicional no está interesada en alterar su statu quo. El país se desangra por las heridas abiertas por la infinidad de intereses partidistas y todo control no es más que una fantasía. Sólo las unidades de la contraguerrilla están hechas a la medida, pero... ¡Qué carajo!

XVII

Pedro se echó la pala al hombro y se pasó el antebrazo por su sudorosa frente; Antonio descansaba a unos pocos metros, sentado sobre una roca. Les había tomado su tiempo, pero habían podido enterrar el dinero y cubrirlo con una capa de hojas húmedas lo suficientemente gruesa como para que pasara desapercibido. Ahora ya podían continuar rumbo a la entrevista.

Antonio se ajustó la gorra que le diera Ana antes de salir, para que Gustavo pudiera saber que venía de su parte, y tomó el volante de su desvencijada camioneta. El hermano menor de Ana ocupó el asiento del copiloto. Arrancaron y se volvieron a internar en la vía hacia Chicayá, seguros de que los demás se habían cuidado de vigilarles las espaldas. Si se nos hubiera ocurrido antes, no nos habríamos dejado robar el otro rescate, se dijo Pedro.

Un mes antes, los dos hombres se habían entrevistado con Pastor, el jefe de las FARC que contaba con la confianza del todopoderoso Cortés en esa zona. La conversación había sido corta y tensa, pero muy productiva para las partes, pues entre los guerrilleros también tenían sus más y sus menos.

—Sí, nosotros tenemos al libanés. ¿Por qué?

—Porque nosotros pagamos su rescate y no nos lo han entregado —respondió Pedro al guerrillero.

—¿Cómo así? No jodás...

—Mirá, Pastor, por mi cuñado se entregaron ciento veinte millones de pesos, y yo mismo los conté.

—No, hombre, no. Ustedes entregaron sólo ochenta millones. Se lo entregamos cuando paguen el resto.

—Yo también los conté —mintió Antonio—. Así que no nos jodás con eso, hombre.

—Miren, nosotros recibimos ochenta millones de Carlos 14.

—Pues se quedó con la diferencia, porque nosotros dimos ciento veinte y se lo podemos probar, con un documento firmado por el banco y los testigos.

—No, no, déjenlo así —le dijo a Pedro.

Pastor habló con uno de sus subordinados y quedaron en que ellos le harían llegar a Antonio un sobre con una carta en su interior para que se la entregaran al negociador —sin abrirla— en la próxima entrevista. El panorama había dado un giro de ciento ochenta grados aquella mañana, porque su hombre se había quedado con un dinero que pertenecía a sus jefes.

El encuentro con los secuestradores tuvo lugar tres semanas después de aquel día, tal y como lo habían hecho saber en la carta que recibiera en su apartamento Clara, la hermana de Gustavo. Y el lugar elegido fue el bajo Calima, en una desviación que se abría poco antes de llegar al lago. Ana y Miguel se quedaron sobre una de las lomas, vigilando con un par de potentes binoculares.

Pedro, que iba solo en el vehículo, recorrió todo el camino de tierra, pero en la hora que le llevó cubrir el trayecto hasta el final de la vereda, no vio al guerrillero que, hasta el último contacto, había hecho las veces de guía. Dio la vuelta, un tanto decepcionado y asustado porque hubieran podido liquidar a Gustavo, y se dispuso a regresar al punto donde le esperaban los demás. Pero el indio se plantó en medio del camino y tuvo que frenar en seco.

El contacto hizo una señal con los brazos en alto y apareció Carlos 14 —el negociador del que tanto había oído hablar—, que saltó a su jeep. Pedro aceleró y le preguntó hacia dónde tenía que dirigirse. A ningún sitio, hablamos aquí, le respondieron, así que decidió enterrar el pie en el freno y adoptar la actitud que Antonio le recomendara.

—¡Nos bajamos! Acá no hablamos. Yo aquí no le hablo a usted, lo tengo que ver frente a frente —Descendieron del carro y se acercaron hasta una pequeña arboleda.
—¿Y vos quién sos?
—Soy el cuñado del libanés, porque como usted es un falso, un hombre sin palabra, nadie quiere venir. Es más, con usted no debíamos hablar más, porque nos traicionó...
—¡Es que el hombre vale más!
—¿Sabe lo que son ciento veinte millones de pesos? Mi hermana tiene todo hipotecado.
—Vea, es que faltan cuarenta.
—¡Ni uno más le vamos a dar; ni uno!

El grito de Pedro hizo saltar hacia atrás al guerrillero, que se empeñaba en marcar distancias, temeroso de ese muchacho de metro noventa y cinco de altura que se le venía encima agitando los brazos y soltando fuertes voces.

—Pues el hombre está... Ustedes verán...
—¿Es que no entendés, animal? No hay ni un solo millón para ofrecerte. No podemos darte más.
—¡Ah, que vaina!

—¡Por cierto! Acá te mandan un par de cartas. Una es de la gente del pueblo donde está la hacienda en la que secuestraron a Gustavo y de la gente de sus almacenes. Ahí tenés ochocientas firmas de adhesión. Y la otra es de unos buenos amigos tuyos —y le entregó el sobre que Pastor le hiciera llegar a Antonio.

El guerrillero abrió la carta y los ojos se le quedaron como platos. ¡Ay, 'jueputa en que me metí! Pedro desconocía el contenido de la hoja mecanografiada por una de sus caras que temblaba en las manos del hombre, pero suponía que debería tratarse de un toque de atención de su jefe, que le reclamaba el engaño. Carlos 14 arrugó el papel con fuerza y comenzó a pasearse inquieto.

—¿Sabe qué? Pues... pues, yo no sé. Pero algo me tienen que dar…
—Nada se te puede dar, hombre. ¿Es que no entendés, carajo?
—Bueno, pues entonces en la próxima entrevista...
—No, no, nada de eso. No va a haber más entrevistas. Plata, no hay, así que negociá con el hombre o matálo.
— Es que...
—¡Es que nada, carajo! —le gritó Pedro—. Tenés que definirte, porque cuarenta millones no los tenemos.
—Un momento, un momento, doctor. El hombre ha perdido mucho peso y está muy mal, se puede morir. Partamos una diferencia: ¿por qué no me dan treinta?
—¿Vos, sos sordo o te hacés el pendejo[xlviii]?
—Veinticinco y les entrego al hombre.
—Yo no sé... Yo le aviso porque yo no sé… No hay ni un peso...
—Veinticinco millones y cerramos.

[xlviii] El idiota.

—Mirá, si fuera posible darte esa plata yo no vendré solo. Y desde ya te advierto que en el mismo momento en que entreguemos la plata queremos a Gustavo, porque si no, tendremos problemas y entonces podés matar al hombre, porque nos aparecemos con el Ejército y la Policía...

—No, hombre, no te preocupés.

—Y si está muerto, hacéme el favor de entregárnoslo ya.

—No, no, está vivo. Acá tengo una prueba de supervivencia —y le entregó un casete.

—Pues eso es todo. Avísenos cuando esté listo para la entrega y ocúpese de que sea en la carretera del Queremal, porque yo no vuelvo a Calima para que todo el mundo nos vea. Veré a ver si podemos conseguir algo de plata.

Ana, angustiada por la tardanza de su hermano, intentaba alejar de su cabeza la idea de que si lo habían matado no tendría fuerzas para decírselo a su madre. Hacía más de cuatro horas que se habían despedido y, por mucho que se empeñara en forzar al máximo los binoculares, no le veía. ¡Ahí está!, dijo Miguel, que vio asomar el morro del jeep por una de las curvas.

—¡Está vivo, Anita! ¡Está vivo! —le gritó antes de bajar del carro, agitando en la mano el casete. Pedro estaba emocionado, porque después de dos meses sin saber nada de los secuestradores, todos en su fuero interno pensaban que Gustavo estaba muerto.

Los días siguientes pasaron en un suspiro.

Antonio le dio un golpe con el codo y le señaló el reloj. Sí, iban un poco retrasados, pero si los secuestradores querían el dinero, no les importaría esperar unos minutos. Veinticinco millones de pesos. ¡Qué barbaridad! Ana tenía guardados diez millones que se había cuidado de volver a ingresar al banco, de donde sacaron otros diez, dejando con el saldo a cero todas las cuentas. Los últimos cinco millones fueron un préstamo personal de un gran amigo de Gustavo.

Pedro sintió que la camioneta se detenía bruscamente y ante sus ojos aparecieron el guía, el negociador y otros tres guerrilleros armados hasta los dientes. Todos sonreían y los dos hombres se bajaron del carro.

—¿Y la plata?, preguntó el hombre que se había identificado siempre como Carlos 14.
—Quiubo[xlix] Jorge ¿cómo te va? —le saludó Antonio, revelando que conocía su verdadera identidad, lo que dejó sorprendido al hombre de la caja de dientes.
—¿Y el billete?
—¿Y el hombre? ¿Y Gustavo?
—No lo tenemos acá, pero ya lo soltaremos.
—Pues nosotros tampoco tenemos la plata acá… Ya se la entregaremos —le respondió Pedro enfurecido.
—¡Ah, no, el negocio no es así!

Los tres guerrilleros se metieron en la camioneta y le hicieron un registro de arriba a abajo tan completo, que hubieran sido la envidia de la Policía en cualquier retén.

—¡Jefe, acá no hay nada!
—Mirá, Jorge, a nosotros dos no nos vas a hacer lo que le hiciste a los otros huevones, porque nosotros los tenemos bien puestos ¿sabés? —le dijo Antonio.
—¡Ah, qué vaina[l]! Esto como que se está complicando.

[xlix] Saludo en Colombia, qué hubo.
[l] ¡Ah, qué cosa!

—Mirá, nosotros tenemos la plata y te la daremos cuando nos tengas al hombre. ¿O es que creés que nos la ibas a hacer, hijueputa?

—Hoy mismo les tengo a don Gustavo. Vengan mañana con la plata a este mismo lugar y a la misma hora.

—Mirá, andáte con ojo mañana, porque no sabés quienes somos. No nos conocés.

XXVIII

El capitán Restrepo continuaba sin tener noticias de Barbosa y eso le inquietaba. No se trataba tan sólo de la natural desconfianza que le producía el teniente, ni del pesimismo con que acostumbraba a enfrentar cada operación en la que participaban sus hombres. Si él conseguía liberar a Aoún iba a poder cambiar los galones de sus hombros e inspirar a la soldadesca en una nueva filosofía.

Se retiró de la ventana y echó un vistazo a su revuelta mesa de trabajo, desde la que los documentos del caso García le hacían un guiño. ¡Carajo, ya estoy mamado[li]!, se dijo en voz baja agitando la cabeza. Sabía que apenas le faltaban un par de folios por leer, pero una mezcla de tristeza e impotencia le embargaba cada vez que se sentaba a estudiar esos papeles.

"Para terminar, oficial, le diré lo que usted ya sabe: mi papá nunca volvió, mi papá fue asesinado por las FARC y abandonado en algún lugar de la selva. ¿Cómo dice? No, de eso nada ¿para qué? Nosotros no volvimos a hablar con las autoridades, porque ya no había nada que pudieran hacer.

Cuando se cumplieron los tres años del secuestro presentamos una demanda de muerte por desaparición como lo indica la

---

[li] Cansado.

Ley en los casos en que no existe acta de defunción y, después del lapso de quince días en que se publica esa nota en todos los medios de comunicación locales y en uno de ámbito nacional, mi papá pasó a ser un muerto por desaparición. Un desaparecido más de los miles que hay en Colombia.

¿Qué si quiero añadir algo más? No, la verdad es que no. Aunque me gustaría que constase que la ineficacia de las fuerzas de seguridad, unida al gran negocio de la industria del secuestro, dejaron una familia desbaratada. Mi mamá tardó dos años en recuperarse de la depresión en que se sumió y en convencerse de que mi papá no volvería nunca más. Mis hermanos sufrieron mucho la falta de la persona, del eje, en torno al cual giraba nuestro mundo. Y yo he perdido casi hasta el recuerdo de un hombre austero, disciplinado y rígido que se esforzó en ser el papá más benevolente, tolerante y protector del mundo.

Mi hermano David se tomó muy a pecho la última voluntad de mi papá y conservó las fincas y, en lo que se refiere al aspecto económico, aún no nos hemos podido recuperar. Mire, nosotros vivíamos con comodidad, pero nunca flotamos en lujos, nunca nos encuadramos en el margen de los secuestrables. Ellos se equivocaron, hubo una injusticia, por decirlo así.

La crisis que se produjo por la impotencia absoluta que nos embargó —¡no había nada más que pudiéramos haber hecho! —, creó un estado muy diferente al que se produce con la simple muerte de alguien, cuando se cumple una ley de la naturaleza. Ese sentimiento de impotencia es un duro golpe, muy difícil de superar... Pero el tiempo es muy buen aliado... es el único aliado".

XXIX

Llevaba cerca de una semana en este último campamento y estaba asombrado por la variedad de animales que había visto en los tres primeros días, antes de que las continuas caminatas de los guerrilleros los ahuyentasen. Vio guatines[lii], pachunchas, esas torcazas ya casi extintas en el Valle del Cauca, y también un hermoso oso hormiguero, enorme, con una vistosa melena grisácea, que se le vino encima y tuvo que asustarlo con un grito.

¡Ahí estaba otra vez! El pajarito planeó suavemente y se dejó caer sobre la tierra a un metro y medio escaso de donde se hallaba Gustavo. Bajó la cabeza y empezó a picotear uno de los tantos zancudos, moscos o pitos que tanto mortificaban al libanés y que él mismo había cazado para el plumífero.

Su experiencia de cazador le había demostrado que, cuando el hombre llega a una zona inhabitada de la selva y permanece en silencio más de diez minutos, los animales del monte suelen acudir a saciar su curiosidad al igual que lo hacen los peces en el mar. Pero cuando el silencio se rompe por el roce de los cuerpos contra las ramas o el ruido que producen las botas sobre los palos secos, el encanto desaparece de inmediato.

[lii] Felino de Sudamérica.

Así pues, cuando sus captores le amarraron al ancho árbol de costumbre y se alejaron a dos o tres cuadras de distancia, le dejaron prácticamente oculto tras el follaje, donde permanecía inerte, como un elemento más de la salvaje naturaleza. Y así comenzaron las esporádicas visitas del pajarito, que se le arrimaba para alimentarse de todos los insectos que Gustavo mataba en su desesperación, y que quedaban esparcidos a su alrededor.

A medida que las horas transcurrían, el libanés se fue ganando la confianza de la minúscula bola de plumas de color marrón claro, que acudía a él para alimentarse de los bichos que le reservaba. Gustavo se sentía, en cierto modo, un poco esclavo de su huésped, porque cada visita del pájaro le suponía dedicarse a la caza y captura del tábano o el zancudo de turno; de lo contrario, le privaría del placer de su compañía.

Al principio, le dejaba la comida en una hojita un tanto alejada de él y, poco a poco, la iba aproximando a los cuatro palos de chonta sobre los que estaba sentado. El insectívoro no sólo se le subió en la mano y desfiló por su brazo, sino que llegó un momento en que comía en su mismo estómago cuando él estaba tumbado sobre el suelo.

El libanés le hablaba al pajarito, al que jamás oyó cantar, y aunque le llegó a considerar un verdadero compañero, nunca llegó a ponerle un nombre. Le visitaba diariamente; a cada hora le hacía una visita que él disfrutaba, porque pasaba ratos únicos, porque lo consideraba una experiencia maravillosa.

Gustavo sabía que los guerrilleros habían visto al pajarito y que les llamaba la atención pero, gracias a Dios, no se les ocurrió matarlo. Y los encuentros con su improvisado amigo se le hicieron una costumbre que le divertía y, en ocasiones, le angustiaba, porque echaba mucho de menos sus ausencias por breves que fueran.

Cuando la penumbra amenazaba con tragarse la tarde, se distraía observando cómo, desde cada uno de los árboles en que habían tejido sus nidos, las pavas gurrías se lanzaban al vuelo soltando unos graznidos muy similares a los del gavilán garrapatero. Y, en las épocas de celo, se impresionaba al ver a los machos copular con las hembras en el aire, como si se tratara de una pareja de equilibristas.

Una víbora había recorrido el sendero que las suelas de las botas de sus captores habían surcado en la tierra y se había desviado cuando la tenía casi al alcance de la mano y, ocho días después, había sido una culebra de otra especie la que le había llevado a los límites del paroxismo.

Habían comenzado a cocinar. Pudo divisar a lo lejos, junto a la orilla del riachuelo que marcaba el punto más bajo en el desnivel del terreno, la cocina; ese cambuche completamente cubierto por dúctiles hojas de palma y de platanillo. En su interior, el cocinero prendía candela a las verdes ramas de un árbol que, aunque esté húmedo es muy fácil de encender con la ayuda de un chorrito de queroseno por su alto contenido en fósforo.

Generalmente, la guerrilla aprovecha las primeras horas de la mañana o de la tarde para hacer sus fuegos, puesto que la bruma se halla en su nivel más alto, pero la constante lluvia dispensaba a sus captores de emplear los reverberes[liii] de gasolina que llevaban consigo y, así, ahorrar algo de combustible. La niebla era su aliada cuando el frío arreciaba.

[liii] Cocinas de campaña.

El cambuche que hacía las veces de cocina estaba revestido de un sinfín de ollas y sartenes de campaña de aluminio, el material más apropiado —liviano y duradero—para el monte, y en él se apilaban las tazas y los platos de plástico en que se servía la comida. Sin embargo, al libanés le reservaban el peor de los recipientes, el más abollado, el roto. Era una de las tantas formas de quebrar la integridad del secuestrado.

¡Hijueputas! Le escupían en la comida o se la daban después de haberla triturado con los dientes quienes aún los conservaban. Y, a sabiendas, se la comía, porque tenía que vivir. A sus ojos, ésta era una de sus mejores tretas para torturarlo, para martirizar su sensibilidad a flor de piel. Pero en realidad hacía mucho tiempo que había dejado de importarle el estado o las condiciones del alimento que recibía.

Incluso cuando tenía que hacer la colada semanal a sus secuestradores y decidían premiarle, el par de cucharadas extra de arroz con que le obsequiaban habían sido previamente masticadas. Y casi lo agradecía, no sólo por el hambre que le roía el estómago, sino porque era la única actividad que desarrollaba al margen de los obligados trotes estáticos, y porque era su oportunidad de oro para bañarse y asearse un poco. Tras cinco meses sin sumergirse bajo el agua, un buen día los guerrilleros habían decidido divertirse tirándolo de noche a la quebrada más cercana.

Fabio le entregó su ración de comida y Gustavo la devoró en dos viajes. ¡Pajarito, pajarito! ¿Vos creés que me soltarán?, preguntó al aire haciendo una larga pausa. No, no me van a soltar nunca y puede que, el día que quieran hacerlo, no tengan más que un cadáver para hacerlo. Todo tiene un límite y, por mucho que quiera, no voy a poder resistir esta situación eternamente. ¿Y vos que sos libre como el viento, qué me decís, pajarito?

Los fuegos del campamento comenzaron a consumirse en sus cenizas y el alboroto se fue apaciguando entre ¡buenas noches! y ¡a ti te toca la segunda guardia! El silencio de la noche coqueteaba con sus somnolientos guardianes arrancando ruidosos bostezos de sus bocas. Pero el libanés no dormía; lloraba en silencio.

XXX

Ana llevaba más de cuatro horas sentada en el comedor principal de la casa frente a un cenicero rebosante de colillas y una taza de café aún humeante. Había escrito un par de hojas más en su diario con la esperanza de que fueran las últimas, de que mañana pudiera garabatear con la letra más grande posible ¡Te soltaron, mi amor, te soltaron! En su boca se pintó una mueca, simuló una sonrisa y suspiró profundamente; habían sido tantas las noches en las que se había acostado con ese pensamiento...

La imagen de Sandra, la hermana de Miguel, cruzó por su mente y se fue a incrustar en su corazón. Ella misma había llamado a París a primera hora de la mañana del día siguiente al secuestro de Gustavo para informar a su sobrina de lo acontecido, pero no fue capaz y apenas pudo articular las palabras suficientes para notificárselo a Pierre, su esposo.

—Pierre, hacéme el favor y decíle a Sandra que secuestraron a su tío, porque yo no puedo, estoy demasiado afectada... La llamaremos y la mantendremos informada de todo lo que se vaya haciendo.

Sin embargo, una semana después había tenido que enfrentar a la muchacha, que se empeñaba en desplazarse hasta Cali con su marido y su hija, y no tuvo más remedio que pararla en seco porque, si ellos que estaban en la ciudad se sentían impotentes ¿en qué podría beneficiarlos la presencia de Sandra? Ella tenía su vida hecha en Francia y era mejor que aguardara allí a que se produjera el desenlace del secuestro, fuera el que fuera.

La sobrina de su marido no lo aceptó del todo, pero Miguel, que hablaba continuamente con ella, le hizo ver las razones que les impulsaban a retenerla en Europa. Y Ana, que la llamaba con menos frecuencia de la que le gustaría —es cierto—, también le había escrito para rogarle que no viniera, que permaneciera en su casa, con su familia.

Pero Gustavito era su principal fuente de preocupación después del estado de salud del padre del niño. Su hijo no paraba de preguntar por su padre una y otra vez y repetía incansablemente la misma pregunta: ¿Mi papá no viene? Y ella siempre le respondía lo mismo, ya casi papito, ya casi. Sufría en silencio y se atormentaba reprochándose aquello que estaba dejando de hacer por su esposo, cuando ni siquiera sabía de qué se trataba. ¿Qué puedo hacer, por Dios? ¿Qué puedo hacer que no haya hecho ya?

Ana había estado al lado del niño cuando había padecido de una fuerte infección estomacal, cuando había formado parte de la representación teatral de fin de curso y cuando había regresado llorando de su primer día de colegio. ¿Y mi papito ya llegó? Las entrañas se le revolvían y hacía de tripas corazón para recordarle a Gustavito que su papá pronto volvería de las haciendas, e intentaba animarlo recordándole lo bien que lo habían pasado en el campamento de verano.

Había hecho más de veinte visitas a Buga para encomendar sus oraciones al Señor de los Milagros y había pedido una infinidad de misas en nombre de Gustavo y el resto de colombianos que en esos momentos se encontraban en sus mismas circunstancias. Sus idas y sus venidas de las fincas, de los bancos, de entrevistas con los familiares de otros secuestrados, y de contactos con la prensa, fundamentalmente para denunciar que el rescate ya había sido abonado y que Gustavo no había sido liberado, ocupaban casi todo su tiempo.

Había escrito a todas las instituciones y personalidades que consideraba que, en un momento determinado, podrían mediar, presionar o influir en los guerrilleros y se preguntaba: ¿hasta cuándo? ¿Hasta cuándo, Dios mío? Incluso el mismo diario en el que se perdía al desvanecerse la tarde formaba parte de su intento por convencerse de que, en cierto modo, estaba colaborando o facilitando la liberación de su marido.

¿Y qué decir de los casetes que recibieron de manos de sus secuestradores? En el primero de ellos Gustavo comenzaba respondiendo a las pruebas de supervivencia en forma de preguntas que le hacía uno de sus captores, para luego, entre lágrimas, describir muy superficialmente el paupérrimo estado en el que se encontraba. La voz, apagada y rota, se le quebraba a medida que hacía una serie de consideraciones sobre las posibilidades que existían de que volviera con vida.

Ana lloraba tan fuerte que apenas podía escuchar la tímida voz del orgulloso hombre con el que se casara. La firmeza y la seguridad con que se expresara toda su vida se había reducido a un frágil hilo de comunicación que, por momentos, amenazaba con romperse. La grabación, que había sido evidentemente cercenada a propósito en alguno de sus tramos, terminaba con unas dulces palabras de cariño y un ruego: Anita, desde esta selva se lo pido, sáqueme de acá... ¡Ojalá que tú puedas darme la libertad!

El segundo casete era de una duración inferior al anterior, pero se le notaba ligeramente más animado; su voz era un poco más firme. Con un coro de grillos de fondo, rogaba que se hiciera lo posible y hasta lo imposible por reunir la cantidad que habían exigido las FARC, y se desesperaba porque decía no saber cómo actuar desde allá para poder cambiar el curso de los acontecimientos en el mundo exterior. Se le sentía sometido a mucha presión, ansioso por hallar a quien pudiera financiar su rescate en el caso de que los medios de que disponía su familia no fueran suficientes.

Y en el último de ellos, aunque la pésima calidad de la grabación dificultaba la audición, todos habían podido distinguir claramente la voz de Gustavo intentando colar una pista. Los guerrilleros debieron intuir su movida y realizaron varios cortes al casete, que había sido reutilizado, porque originalmente había sido una cinta comercial de música tropical.

Tres días antes, su esposo había cumplido doscientos días de secuestro y, si los tres primeros meses la habían afligido sobre manera, ahora sabía que ya no podía dar más de sí. Desde hacía varios meses perdía el cabello a montones y había adelgazado casi quince kilos. Había pasado el día del amor y de la amistad y el cumpleaños de Gustavo sentada en una de las sillas de la terraza, buscando con los ojos algo parecido a una estrella fugaz en el cielo: una esperanza.

Ya habían pasado más de dos meses desde que fueran liberados tres de los ganaderos cuyos rescates se habían pagado a la par del de su marido. La noticia, que en un primer momento la llenó de alegría y de esperanza, ahora le pesaba como una losa sobre la espalda porque, pese a todos los llamados que se habían realizado y las entrevistas a las que se había acudido, Gustavo seguía sin aparecer.

Intuía que mañana podría ser el gran día. Algo le decía que —para bien o para mal— la angustia a la que habían estado sometidos todos iba a terminar por fin... Aunque no se hubiera atrevido a asegurarle a nadie que su esposo aparecería con vida. Si mañana nos la llegan a jugar esos malparidos, no tendré más remedio que hacerle caso a Miguel y llamar a Los Magníficos o al F-2, porque sé perdonar, pero no pienso olvidar, se dijo. Intentó terminar la última línea del extenso párrafo que escribía en su diario con un "no sabés cuánto te pienso", pero al bolígrafo no le quedaba ya ni una gota de tinta.

XXXI

—Les perdimos la pista, capitán.

—¿Qué? No me joda, Barbosa. Y ¿qué carajo ha hecho todo este tiempo, aparte de beber? ¿Visitar los burdeles de la zona?

—Capitán, yo le juro que...

—¡No jure nada, carajo! ¡Ya está cagado en vida, no juegue también con la que le espera más adelante!

Al otro extremo del hilo telefónico se hizo un tenso silencio. De una violenta patada, Restrepo derribó su silla, que fue a dar contra la mesa y derramó el tinto que acababa de depositar allí Cifuentes hacía escasos segundos. Ante el humor de su superior, el cabo se cuadró y levantó la vista de sus pantalones, que escurrían café en abundancia.

—¡Teniente, véngase para acá! ¡Mañana a las siete en punto quiero un informe completo! Y de paso, le adelanto que haré inspección de la armería.

—¡Ah, qué carajo!

—¿Perdón? ¿Qué dijo?

—No, no era con usted, capitán, yo...

—¡Cállese! También inspeccionaré el parque móvil y todas y cada una de las dependencias del cuartel. Y, como haya una sola hebilla fuera de sitio, ¡se va al calabozo!

Restrepo tiró violentamente el teléfono y Cifuentes se sobresaltó. ¡Usted, fuera! El cabo dio media vuelta y salió prácticamente corriendo de la oficina. El capitán se alisó con fuerza el pelo y apretó con fuerza la mandíbula ¡Mierda! La imagen de Barbosa le venía a la mente una y otra vez; se lo imaginaba acordándose de su madre, bebiendo en una apestosa taberna o refocilándose como un cerdo con una puta que simulaba deslumbrarse por su uniforme.

El teniente representaba casi todo aquello que él odiaba: la irresponsabilidad, la patanería, la grosería, la incompetencia... Era el tipo de soldado que, si conociera de antemano el lugar y la fecha de entrega de un rescate, no vacilaría en remover el cuartel de arriba a abajo para dar con los hombres que lo acompañaran a montar un retén y, lógicamente, apoderarse del botín.

Se agachó y recogió unos trozos dispersos del platito que había roto. Sobre la mesa se extendía una gran mancha de café y, debajo de ella, aún se podía leer: Transcripción de la entrevista realizada a doña Dalia García. Caso número 4589-23A.

Lanzó los pedazos de porcelana a la basura y se sentó.

Una vez más, había perdido la partida. Las FARC estarían en algún lugar de la selva carcajeándose del Ejército, cultivando buena droga para sus "amos" los narcotraficantes y jugando a ser héroes de papel con un pobre desgraciado, con una piltrafa humana, mientras simulaban hacer frente al planeta entero.

Gustavo Aoún. ¿Dónde estarás? ¿Cómo andarás? Yo ya no puedo hacer más por ti, aunque me hubiera encantado poder rescatarte personalmente y darte un gran abrazo, estrecharte la mano y darte la bienvenida al mundo de los hombres libres otra vez. ¡Por Dios, no me obligues a cerrar un caso igual al del pobre Iván García!

XXXII

Gustavo llevaba ya varias horas en la misma posición y los músculos se le estaban comenzando a acalambrar, pero estaba tan debilitado y tan deprimido, que prefería sentir esas punzadas antes que mover un dedo. La tarde estaba al caer y él, allí postrado, tarareaba una vieja canción, un bolero de sus años mozos que le traía todo tipo de recuerdos.

Uno de los jefes guerrilleros que, como otros sábados, había llegado al campamento para supervisar a su gente, se plantó frente a él. El libanés era incapaz de reconocer la cara que escondía la abombada capucha, que ocultaba incluso el color de los ojos, pero el modo de andar y la constitución física le recordaron al tipo que varios meses antes le había sacado a una carretera asegurándole que era libre.

—Libanés, te traigo la libertad.

Gustavo le miró despectivamente. Otra vez de joda ¿o qué?, se dijo para sus adentros. "Una mentira repetida mil veces se convierte en una verdad", reza el dogma marxista-leninista; la mentira en todas las formas habidas y por haber. Pero un sólo desengaño basta para no volver a caer. Este malparido me va a matar.

—¿Me traés la libertad...? Desatáme pues...

El encapuchado se llevó la mano a la cartuchera y la palpó. Levantó el brazo y alcanzó el bolsillo superior de su guerrera; de ella sacó un juego de llaves. Hizo un gesto con la cabeza a Fabio, que se hallaba tras él, y le lanzó el manojo. El guerrillero liberó el candado que sujetaba la cadena a su tobillo.

Sorprendido, el libanés se incorporó y empezó a mover los pies como un loro al que se le acaba de desamarrar del palo en el que se le mantiene para que hable. Flexionó la rodilla y estiró la pierna. Se puso firme sobre la tierra y, por primera vez en un mes, echó a andar lentamente.

Se fue alejando poco a poco de sus captores; cuatro, cinco, hasta doce metros, probando los primeros pasos de su presunta libertad e intentando descubrir en su aturdimiento dónde estaba el truco, qué jugada le reservaban. Inmóviles, ellos le miraban en silencio y él decidió regresar junto al jefe guerrillero.

—Entonces... entonces será mañana —balbuceó mirando el cielo—. Ya está anocheciendo.
—¡No granhijueputa, te vas ya! Ya vino la gente a por vos.

Por encima del hombro del encapuchado pudo distinguir a otros tres guerrilleros que no pertenecían al grupo y, antes de que se diera cuenta, ya estaba caminando tras ellos y por delante de Fabio y de Carlitos. Este último se encargó de comenzar el martirio desde ese mismo momento y, lo que Gustavo confundió en un primer momento con un estrecho seguimiento, resultó ser una táctica a modo de medida de precaución más.

¡Qué torpe, carajo!, se decía. ¿Es que no podés caminar un poco más alejado? Me estás pisando los talones, Carlitos. Y el otro sonreía y continuaba pateándole los tendones de Aquiles y no paró hasta la madrugada, cuando el libanés tenía los tobillos inflamados. ¡No me pateés más que ya estoy inflamado, hombre! Y él seguía soltándole puntapiés.

El jefe guerrillero, que se había adelantado con cuatro hombres a la columna, se hallaba en un trapiche[liv] abandonado que alcanzaron ya de madrugada. Levantaron las maderas de guadua[lv] que cubrían el suelo de la circular construcción y extrajeron una gran cantidad de munición y de artillería ligera. Debajo del quiosco panelero la guerrilla tenía un arsenal ricamente surtido.

La avanzadilla se había molestado en preparar una suculenta comida y, por primera vez desde su captura, Gustavo relegó a un segundo plano el cansancio y el intenso dolor que le embargaba para escuchar lo que tenían que decirle los guerrilleros:

—¿Querés arroz?

Le parecía mentira lo que estaba escuchando. ¡Claro que sí! Pusieron frente a él una olla con cuatro raciones, una taza con agua de panela y una cuchara. La comida le parecía una verdadera delicia, el arroz se le hacía el más exquisito que había probado nunca. Se lo comió en un momentito.

—¿Querés más arroz?

[liv] Molino utilizado para extraer el jugo de la caña de azúcar.
[lv] Árbol conocido como el bambú americano.

¡Échele, échele! Y se metió de cabeza en una olla un poco más grande que la anterior y la devoró en segundos, pero esta vez la satisfacción no compensó el empacho. Media docena de escalofríos sacudieron su estómago y sintió una repentina pérdida de fuerza. No había comido en día y medio y, como los náufragos o los niños africanos hambrientos, su organismo acusaba la falta de costumbre. La esperanza de ser liberado le había afectado, y se prometió no volver a probar bocado.

Tras media hora de reposo, reiniciaron la marcha y en tres horas alcanzaron la misma carretera en la que habían prometido liberarlo meses antes y donde se había producido un incidente que le había demostrado la cobardía de sus captores.

Aquella noche, cuando se disponían a cruzar el paso tras descubrirle el engaño, aparecieron dos potentes faros en la distancia. Los guerrilleros le agarraron para evitar que saltase sobre el vehículo y, temerosos de que pudiera ser el Ejército se ocultaron en la cuneta. Estaban tan aterrorizados que casi lloraban.

Eran ya las cinco de la mañana, empezaba a clarear el alba, y esta vez la carretera presentaba un aspecto completamente diferente al de aquel día. Cerca de ciento cincuenta guerrilleros se diseminaban, se dispersaban por las laderas del pequeño valle y tras los árboles que flanqueaban el paso para evitar una celada.

El jefe guerrillero supervisó personalmente a Carlitos cuando éste ató al libanés a una cuadra de distancia, sobre una loma fácilmente divisable desde donde presumiblemente se desarrollaría el intercambio. Y, por lo que pudo saber, el inusitado despliegue de fuerzas se debía pura y simplemente al temor a que, a última hora, se presentase el Ejército o la Policía.

Aparentemente, esperaban dos vehículos, puesto que se iba a pagar una segunda cuota y, por seguridad, el dinero vendría repartido. Eran conocidos los casos en que las autoridades interceptaban y se quedaban con el rescate de un rehén, prolongando su cautiverio. Mientras tanto, los guerrilleros corrían de un lado para el otro con toda su parafernalia militar a cuestas, preparándose en su fantasía de combatientes para una guerra.

—¡Oiga! ¿Y cuánto dinero le van a dar al pueblo de mi última cuota? —preguntó Gustavo al jefe de las FARC cuando comenzaba el descenso hacia la carretera.
—¿Al pueblo? —sonrió el hombre tirando a sus pies la chaqueta, casi inservible, que le quitaran hacía tiempo—. El pueblo que coma mierda.

Un jeep y una camioneta se detuvieron en el centro del camino y el libanés reconoció uno de los autos; el corazón le dio un vuelco y empezó a segregar adrenalina furiosamente. ¡Era verdad! ¡Lo iban a soltar! ¡Lo iban a soltar! ¡Se acabó! ¡Se acabó! Y quiso gritar, pero se contuvo.

Los minutos se le hacían días y los segundos los sentía como horas. Entre la infantil simulación de zafarrancho de combate guerrillera divisó a dos hombres vestidos de civil que, a esa distancia, fueron incapaces de reconocer sus debilitados ojos. ¿Por qué no me sueltan ya? ¿Qué carajo pasa? Intentó aguzar la vista y creyó ver a un montón de cuerpos de uniforme lanzándose como aves de rapiña sobre dos grandes cajas en las que debía estar el dinero.

Hasta sus oídos llegaba el eco de las acaloradas discusiones que mantenían. ¡Cuarenta, yo tengo cuarenta mil! ¿Y usted, cuánto contó? Yo veinte mil pesos ¿Pero usted es bruto? ¿Es que no sabe contar más de veinte? No, mi comandante ¡Huevón, sos bien bruto! Y ustedes ¿cuánto tienen ahí? Como cien mil pesos... ¡Cuenten bien, carajo! ¡Vamos a sumar otra vez, pero rápido!

Decidió concentrarse en algo para evitar reventar de nervios. Era incapaz de reconocer a quienes habían venido a por él y tampoco se le ocurría quienes podrían ser. Pensaba que llevaba dos años cautivo, que su casa y sus carros habían sido vendidos, que su mujer vivía de prestado en casa de su suegra y que su estado físico era lo más parecido a un superviviente de un campo de concentración de la Alemania nazi.

No, no tenía propiamente una ilusión. Su estado era realmente deplorable, se sentía avergonzado de tener que presentarse en esas condiciones ante su esposa... No podía casi ni caminar... Alguien se acercaba. Abrió todo lo que pudo los ojos y, cuando consiguió enfocar la cara de quien se aproximaba, se le escapó un lastimoso quejido.

Pedro, un hombre rudo pero sensible, casi trotaba hacia él mientras moqueaba en un esfuerzo supremo por no llorar. Tenía en su mano las llaves de los candados que ataban a Gustavo al árbol, y se estremecía de emoción sólo de pensar que sería precisamente él quien lo liberaría para siempre. Nervioso y sin levantar la vista, forcejeó con el cerrojo hasta liberar el seguro.

Dejó caer la cadena, levantó la vista y se quedó petrificado ante su cuñado. Uno, dos, quizás pasaron sólo tres segundos de silencio, pero un mar de emociones contenidas les embargó por completo. Apenas fue un instante, pero los ojos de ambos se dijeron mil cosas sin despegar los labios.

Frente a él tenía a un anciano, barbudo y canoso, tan delgado que tenía miedo a que al abrazarle pudiera hacerle daño. Sus pupilas estaban dilatadas y las lágrimas chorreaban por sus chupadas mejillas. Los dos hombres se abrazaron y lloraron larga y desenfrenadamente, apretándose con suavidad al principio y luego dándose fuertes palmadas en la espalda. Ninguno fue capaz de articular una sola palabra.

Pedro le cogió fuertemente de la mano y le guió en el descenso. Junto al jeep les esperaba Antonio, que no había dejado de sonreír desde que viera el reencuentro de ambos desde la explanada. ¿Cómo me le va, don Gustavo?, le dijo y agitó la vieja gorra que le diera Ana antes de partir. El libanés se soltó y estrechó la mano que le ofrecía amistosamente el hombre, al que acabó abrazando con inusitada fuerza. Se enjugaron las lágrimas y abordaron los vehículos para alejarse velozmente del lugar.

—¿Qué día es hoy? —preguntó con un hilo de voz el libanés a Antonio, que conducía la camioneta.
—Hoy es miércoles 20 de octubre de 1990.

Gustavo asintió. No habían pasado dos años, pero los más de doscientos días que había durado el secuestro le habían parecido una eternidad. Tenía ganas de preguntar muchas cosas, pero temía recibir malas noticias.

—¿Qué tal están Ana, mi hijo y mis sobrinos?
—Muy bien, Gustavito, pero no saben nada aún. Hoy les vas a dar la alegría más grande de sus vidas —le dijo Pedro.

Cuando dejaron atrás la carretera que lleva a Buenaventura, propiedad casi exclusiva de la guerrilla, se detuvieron a orillas del camino. Allí el libanés se arrancó literalmente la camisa que le había acompañado durante todo el cautiverio. La tela y la piel se habían adherido, formando un tatuaje que tuvo que extraer levantándose el pellejo; tan sólo el cuello cayó sin resistencia al suelo. Tiró toda la ropa a la basura y se vistió con una muda que le habían traído. Las resistentes botas de goma con las que había vadeado ríos y quebradas sin dejar rastro y con las que se había cruzado de lado a lado la cordillera, se quedaron en la parte de atrás del vehículo.

Dos horas después entraban en Cali. El libanés se bajó del auto a llamar por teléfono a su casa, pero Ana no estaba; afortunadamente se encontraba en el almacén. Se alegró, porque esa circunstancia le daba dos horas de margen para arreglarse antes de que ella llegara de la oficina.

Subió nuevamente a la camioneta y prosiguieron el viaje de retorno. Pedro se mostraba radiante y entusiasmado, pero Gustavo no tenía ninguna ilusión, lo había perdido todo. Así que cuando alcanzaron la bifurcación del ensanche dedujo que tomarían hacia la derecha, hacia la casa de su suegra, y no hacia la izquierda, hacia donde se iba al que un día fuera su hogar.

Pero Antonio giró en esta última dirección y el libanés palideció. ¿Adónde vamos? A tu casa Gustavo ¿adónde si no? Una ancha sonrisa le iluminó la cara ¡Conservo mi casa! Sintió que el aire le limpiaba los pulmones y que el viento le acariciaba la cara. ¡Mi casa! ¡mi casa!, gritó al divisar el portón de entrada. Ahora sentía verdaderamente la felicidad de ser libre.

Bajó del auto y se abrazó a las muchachas del servicio, que apenas podían reconocerle. Y, como una exhalación, se coló en el cuarto de baño y se pesó; la balanza marcaba cuarenta y nueve kilos... y había abandonado su casa pesando ochenta y cuatro. Tenía que estar presentable para cuando Ana llegara. El pelo lo tenía muy corto, de hecho le habían trasquilado a cuchillo un par de días antes: ¡No te movás hijueputa, que nos llevamos tus orejas! Se cortó la barba, que le llegaba hasta la cintura, pero no los bigotes; se afeitó y durante un cuarto de hora, se cepilló frenéticamente los dientes, que acumulaban siete meses de suciedad. Se dio una larga ducha y, cuando todavía estaba secándose, oyó dos secos golpes en la puerta.

Ana pudo ver desde su oficina cómo entraba la camioneta de Antonio al almacén, éste cerraba la portezuela y se ponía la gorra de Gustavo. Ella no podía menos que enfurecerse; le había dado la prenda para que la utilizara a modo de identificador, no para que adornara su cabeza. Pero el rostro de satisfacción del hombre la calmó.

—¿Sabe usted doñita quién me regaló esta gorra? Pues don Gustavo, por eso la llevo puesta.

Su cara se contrajo y sintió un vacío en el estómago.

—Tranquila, doña Ana, tranquila que él ya está en la casa, pero me dijo que la demorara un poco porque se está arreglando.
—Antonio, o me lleva usted ahora mismo o agarro yo el carro y, si tengo un accidente, será usted el responsable...
—Pero es que él dijo que...
—¡Agarre mi jeep y deje acá su camioneta! Nancy ¿está Miguel por aquí? ¿no?, bueno pues dígale que se arrime a la hora del almuerzo a la casa, que le tengo que hablar de algo urgente.

—Desde ya le aviso que se va a sorprender señora, porque don Gustavo está pero que muy cambiado. ¡Hasta su hermano se sorprendió!

La frialdad y la calma que había tratado de mantener se desvanecieron en cuanto salieron a la calle.

—¡Gustavo, Gustavo! ¡Abríme! ¡Abríme, por favor!

El echó un vistazo al reloj y comprobó lo que ya sabía: era ella. Ya eran las doce del mediodía. Terminó de vestirse y abrió la puerta del baño temblando de emoción. Ana, profundamente impresionada, se le quedó mirando y no pudo reprimir un gemido. ¿Qué te han hecho? Por Dios Santo, papito ¿qué te han hecho? No podía creer lo que veía, como tampoco podía creerlo su pequeño Gustavito, que intentaba rehuir los abrazos y los besos que le daba ese anciano que le llamaba hijo.

—Desde luego, no te quedan esos bigotes a lo Pancho Villa — le dijo entre lágrimas su esposa.

Él sonrió y le acarició la mejilla; buscó entre sus brazos a su pequeño y le hizo un par de carantoñas en un desesperado intento por vencer su recelo. El niño no alteró su tímida mirada, pero el perro le reconoció de inmediato y reaccionó. Entre los lastimeros aullidos del animal, sus saltos y los lametazos que soltaba a diestra y siniestra, los tres se fundieron en un abrazo y lloraron para vaciarse, para liberarse, para dar gracias, para sentirse vivos nuevamente.

EPÍLOGO

Los cálculos más optimistas indican que la industria del secuestro en Colombia generó más de 50.000 millones de pesos entre 1980 y 1990. Sin embargo, esa cantidad pudo haber sido tres veces mayor a tenor de las circunstancias que se dieron en esos diez años, y que escaparon al riguroso control que trataron de establecer determinados entes y organismos gubernamentales.

La publicación de la Ley Antisecuestro —que castiga el pago de rescates con penas de cárcel— y la escalada de violencia generada por el narcotráfico en esa década, pudieron ocultar a los investigadores cerca del 80% de los secuestros producidos en los últimos años. De hecho, estadísticas oficiales de 1985 aseguran que sólo el 20,9% de los delitos fueron denunciados y, en el capítulo que nos atañe, el porcentaje se redujo a un 15,4%.

La guerrilla ha sido responsabilizada de más de un tercio de los secuestros que se produjeron en el país en ese período y —si los índices mostraron un ligero descenso en su actividad en los últimos años— no se debió más que a la desmovilización del M-19, porque el resto de bandas de subversivos siguieron financiándose de esta manera, redondeando sus presupuestos con dinero procedente del cultivo, vigilancia e incluso tráfico de drogas.

Los hacendados y los ganaderos, casi en la misma medida que los industriales y los comerciantes, fueron los blancos preferidos de los guerrilleros y, siendo fieles a los datos aportados por el Departamento Administrativo Nacional de Estadística (DANE), uno de cada tres secuestrados por ellos fue asesinado o desapareció para siempre.

El secuestro guerrillero dejó hace mucho tiempo de ser meramente político, para convertirse en una actividad altamente productiva y de relativo bajo riesgo, puesto que a duras penas el 10% de los secuestrados fueron rescatados por las fuerzas de seguridad y, además, cuenta a su favor la inoperancia de la Justicia. Ambas instituciones carecen, entre otras varias cosas, de los medios más elementales para garantizar y preservar la paz y el orden.

Basta con constatar que en el primer semestre de 1992 apenas se resolvieron 4.435 casos de los 96.658 en curso y saber que, en 1990, tan sólo se resolvieron 44.764 procesos de los 237.409 que fueron abiertos, para darse cuenta de ello.

Al margen de la siempre recurrente negociación política, resulta difícil prever una solución definitiva que ponga fin a la lucrativa industria del secuestro en Colombia y, mientras las condiciones no varíen, historias tan penosas como las del libanés y tan trágicas como las de Iván García, seguirán repitiéndose a diario.

En conclusión, en nuestros días no resulta nada sorprendente saber que el secuestro es una vía de 'financiación estable' para diversas organizaciones criminales. Sin embargo, en la década de los '80 en Colombia ya se hablaba de una industria del secuestro. Los datos que se han podido reunir hasta la fecha hablan de que en 1990 fueron secuestradas unas mil personas en ese hermoso país latinoamericano... y cuatro veces más tan sólo diez años después. Es decir, que en el año 2000 se secuestraban ocho personas cada día, una cada tres horas.

Desde hace muchos años ya, el secuestro es la principal fuente de financiación de la guerrilla colombiana, que —según se estima— en 2000 habría recaudado más de 300 millones de euros por este concepto. Además, las Fuerzas Armadas Revolucionarias de Colombia (FARC), la guerrilla más antigua de América Latina, ha sido, con diferencia, la mayor perpetradora de este tipo de crímenes de lesa humanidad, con casi 4.000 secuestros atribuidos desde 1964.

El hombre que aparece identificado como Gustavo Aoún en este libro disfruta de su vida en libertad, aunque jamás ha podido regresar a sus haciendas; y, periódicamente, es boleteado, debiendo abonar pequeñas sumas de dinero a las mismas personas que lo mantuvieron en un cruel cautiverio durante siete meses.

Isaac Tebas, que también vive, nunca se recuperó totalmente del shock síquico que le produjo su secuestro y del viejo Iván García, hasta el día de hoy, no se ha sabido nada nuevo, pero su familia ha hecho de tripas corazón y ha salido adelante.

Quiero aprovechar este último párrafo para agradecer a los secuestrados y a sus familias la cooperación que me brindaron en la elaboración de esta novela, poniendo a mi disposición toda la documentación que conservaban, robándole horas al día y esforzándose en recordar dolorosos pasajes de sus vidas que ya casi tenían enterrados en el olvido. Sin ellos hubiera sido imposible escribir *Una Jaula en la Selva*, una herida abierta en la conciencia de los colombianos y, para sus víctimas, una interminable pesadilla.

A ellos, tanto a los que regresaron del infierno como a los que pusieron los medios para que su vuelta fuera posible, les adeudo mi más profundo respeto, admiración y sentimiento de solidaridad.

SOBRE EL AUTOR

Jorge Martín Nomen [Roma, 1968] ha desarrollado buena parte de su actividad profesional en empresas y proyectos Internet, entre los que se cuentan opciona.com (Endesa), bravosolution.com (Italcementi Group) y la startup española PlayTheGuru. En 1999 creó y lanzó la primera editorial digital en español del mundo (noveles.com) y en 2004 el primer portal para animales abandonados de España (acogelos.org).

Dentro del área de la Comunicación y el Periodismo, Jorge ha trabajado para empresas como Ericsson, Enresa, Diario16, Cinco Días y Diario Las Américas (EE.UU.); y ha colaborado y/o publicado artículos en numerosos periódicos, entre ellos, Granada 2000, Ideal de Granada, El País (Colombia), El Nuevo País (Venezuela), Últimas Noticias/El Comercio y La Hora (Ecuador).

Fue Director de Marketing de la escuela de negocios EOI y de la editorial Printulibro, y consultor estratégico en Nearco. Como consultor independiente de proyectos de nuevas tecnologías y desarrollo de negocio ha trabajado para instituciones como el Ministerio de Ciencia e Innovación, el Ministerio de Economía y Competitividad y la Agencia Española de Cooperación Internacional, entre otras.

Jorge es licenciado en Ciencias de la Información (Universidad San Pablo CEU), Certificate on Human Resources and Policies (Florida International University), Diploma en eMarketing (Instituto de Empresa), Experto en Business Intelligence (EOI) y cursa un MBA (University of California Los Angeles).

En 2014 fundó y puso en marcha la startup PeopleintheNet —la primera red social de buenas personas— y, desde entonces, ha alternado su dirección con la formación de más de un millar de jóvenes emprendedores por toda España, en programas impartidos por la escuela de negocios EOI e impulsados por el Ministerio de Industria, Energía y Turismo; el Ministerio de Educación, Cultura y Deporte; y el Fondo Social Europeo.

Hasta la fecha, Jorge ha escrito tres novelas y cinco relatos.

Más información:
www.jorgemartinnomen.com